日本書紀を歩く③

大王権の磐余《いわれ》

靍井忠義

青垣出版

はしがき

　磐余《いわれ》は、三輪・纒向と飛鳥の中間に位置する古代地名である。しかし、その地名はいまに伝承せず、その範囲も定かでない。いわば「所を失った古代地名」である。

　神武東征伝承によると、長髄彦《ながすねひこ》を破って大和を征圧した神武軍が、満《いわ》み（充満して）いた地を「磐余」と呼ぶようになったと伝える。それは「片居」、あるいは「片立」と呼ばれていた竜門山塊の北側一帯のなだらかな傾斜地。一般的に、磐余の地は桜井市南部の外山から橿原市の香具山に至るあたりまでだったのではないかと推測されている。「磐が余れる地」、寺川が竜門山塊の岩を押し流して形成した扇状地や舌状台地だった。

　神功《じんぐう》皇后、履中《りちゅう》天皇、清寧《せいねい》天皇、継体《けいたい》天皇、敏達《びだつ》天皇、用明《ようめい》天皇の宮居が営

まれた、と伝える。聖徳太子の上殿《かみつみや》、大津皇子の訳語田《おさだ》の舎《いえ》があった可能性もいわれる。

ただ、磐余の地に営まれたと伝える宮居は、遺構はおろか、その所在地が確定しているものは一つもない。あくまで文献上にみえる伝承の遺跡なのである。

ももづたふ　磐余池に　鳴く鴨を
　今日のみ見てや　雲隠れなる

大津皇子が刑死する直前に詠んだ辞世の歌の舞台であり、磐余のポイントである磐余池もその所在地ははっきりしない。

阿倍氏の本拠地でもある。その阿倍氏と何らかのつながりが想定され、初期ヤマト王権のモニュメントとみられる桜井茶臼山古墳とメスリ山古墳がある。だが、「磐余イコール阿倍」とはいえそうにない。

磐余は謎に包まれている。

そんな中で、本書では、海石榴市《つばきいち》は、上ツ道と横大路が交差する磐余の一角にあった。狂心渠《たぶれごころのみぞ》とそしられながらも掘削した寺川の水運を利用していた。海石榴市＝飛鳥の港こそ、磐余の拠点だった――。そんな推論も提示した。

吉備池廃寺は磐余の地で発見された。筆頭官寺の百済大寺だったといわれる。高さ一〇〇米《メートル》を超える九重塔がそびえていたとみられる。

大和平野を貫く下ツ道運河を飛鳥の都に向かった外国使節らは、海石榴市の港に到着する直前、右手にそびえる九重の大塔を見て息をのんだ――。そんな光景も想像できる磐余は古代史に満ちている。

二〇一九年一月

著者

目次

装幀／根本眞一（クリエイティブ・コンセプト）
カバー写真〈表〉桜井市茶臼山古墳出土の玉杖（橿原考古学研究所附属博物館提供）
〈裏〉田植え時の磐余の風景。バックは竜門山塊

磐余の諸王宮

大和の磐余地方には、古代天皇の多くの都宮が営まれた。『日本書紀』に沿ってざっと「磐余の諸宮」をみてみる。

神功《じんぐう》皇后は、誉田別《ほむたわけ》皇子（後の応神《おうじん》天皇）を皇太子に立てた神功皇后摂政三年春正月、「磐余に都をつくった。これを若桜宮という」。そして皇后は、「十九年の夏四月十七日、稚桜《わかざくら》宮でお崩《かく》れになった」としている。

履中天皇は磐余稚桜宮で即位した、とされ

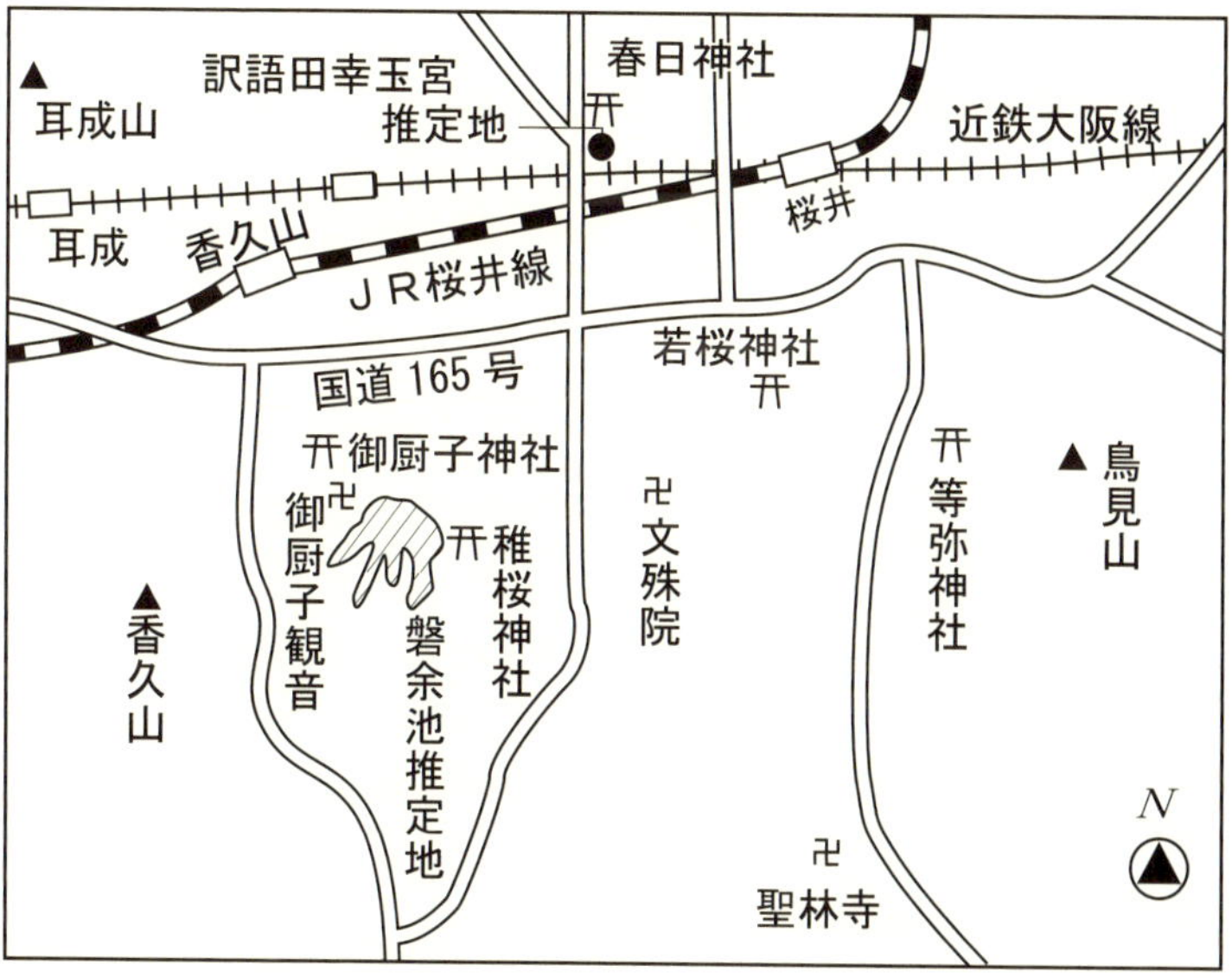

る。同天皇が三年の冬十一月に磐余市磯池《いわれのいちしのいけ》で舟遊びを催した時、どこからか桜の花が舞い落ちてきたことを喜び、即座に磐余稚桜宮と名付けたという。

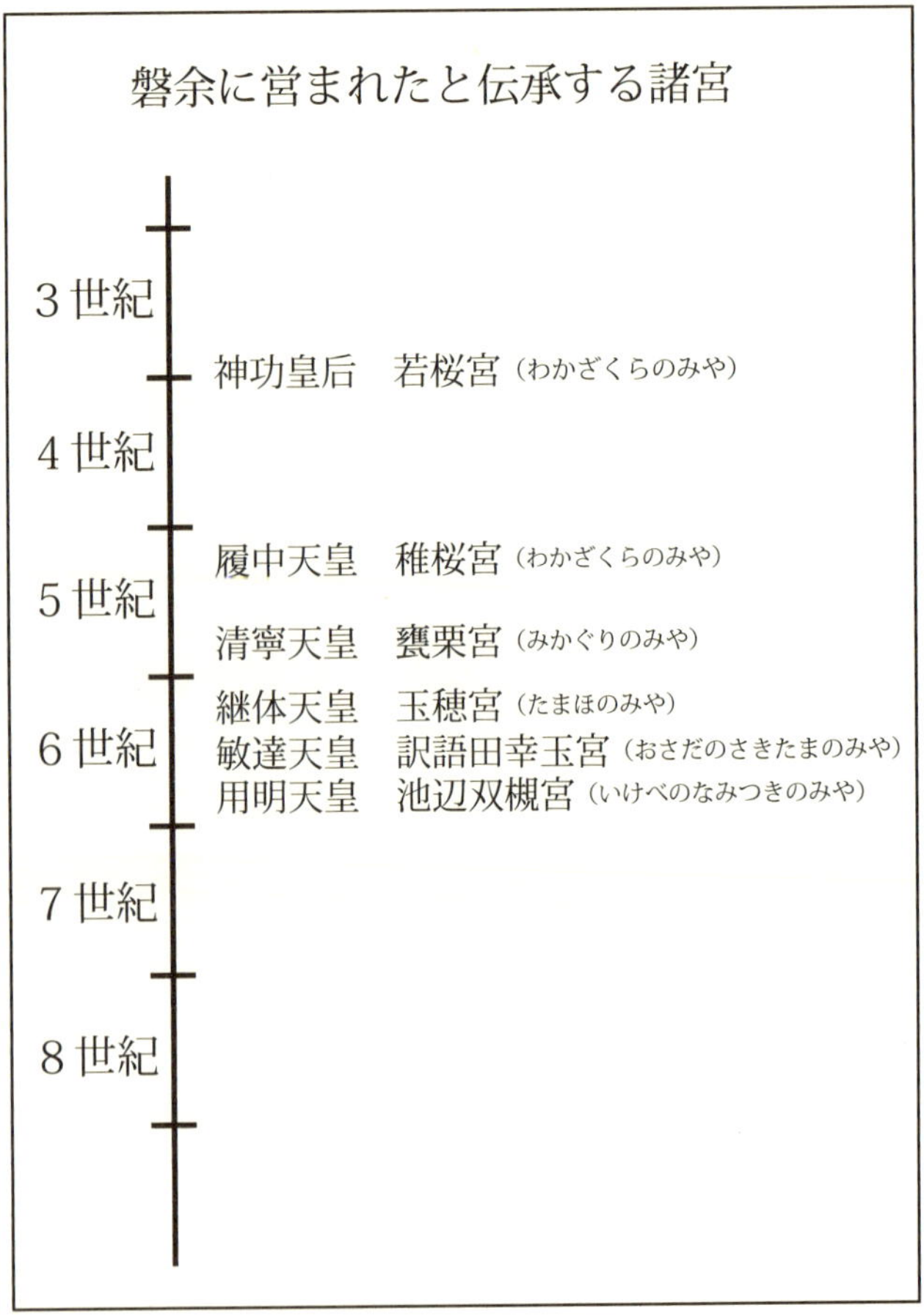

清寧天皇は磐余甕栗宮《いわれのみかくりのみや》で即位した。

継体天皇（男大迹《おほど》王）は即位後も長く大和入りをしなかったが、その二十年秋九月十三日に磐余の玉穂宮《たまほのみや》に遷都した、とされる。八十二歳で亡くなるまで四年半ほど宮居にした、という。

敏達天皇は初め

百済《くだらの》大井宮《おおいのみや》に居たが、四年六月に「宮を訳語田《おさだ》に造営した。これを幸玉宮《さきたまのみや》という」と伝える。訳語田の地は桜井市戒重の春日神社付近だった伝承する。

大津皇子は「訳語田の家」で処刑されたと伝えるが、敏達天皇時代の宮殿を何らかの形で伝え、大津皇子の住まいとしていたのかもしれない。

用明天皇は磐余に池辺双槻宮《いけのべのなみつきのみや》を営んだ。第一子の厩戸《うまやど》皇子（聖徳太子）は、斑鳩に移り住むまでこの池辺宮の南にあった上殿《かみつみや》（上宮）で幼年時代を過ごした、このため上宮太子と呼ばれる、とも伝える。

こうしてみると、磐余地方には六天皇（神功天皇も含めて）の宮が営まれ、厩戸皇子や大津皇子の住まいもあったということになる。

時代はおもに五〜六世紀、三輪・纒向と飛鳥にはさまれた時期のヤマト王権の王都の地だった。地理的にも三輪・纒向と飛鳥の中間に位置する。

神功皇后の稚桜(若桜)宮

神功《じんぐう》皇后は、いわゆる「三韓征伐」の主役であり、伝説的な女傑である。名は息長足姫《おきながたらしひめの》尊《みこと》、仲哀《ちゅうあい》天皇の皇后だったが、仲哀の死後、朝鮮半島に出兵し新羅を討ち、百済、高句麗を帰順させた、と『日本書紀』は伝える。

仲哀天皇は、熊襲《くまそ》征討のために九州に行

き、儺県《ながのあがた》の橿日宮《かしひのみや》に居た。その時、皇后に神が降って託宣《たくせん》した。

「熊襲は荒れ果てた不毛の地。海のかなたには、処女のまよびきのようで、金、銀、彩色などがたくさんある宝の国がある。栲衾新羅国《たくぶすましらぎ》という。もしよく私を祭ればその国は自然に服してくるだろう」

天皇は、

「遠くを見たが、海だけで国はない」

と疑いの気持ちを述べた。

するとその神はまた皇后にかかり、

「どうしても信じられないのなら、あなたはその国を得ることはできない。いま、皇后は懐妊した。その子が、その国を得ることになるだろう」

と託宣した。

しかしなおも天皇は信じられず、強引に熊襲を攻めたが勝利できず、翌年、急死(一説では戦死)した。

〈巻第七・仲哀天皇〉

神功皇后は、天皇の死を悼み、崇《たた》った神を知り、財宝の国を求めようとした。自らが先頭に立ち、新羅国を攻める。臨月を迎えていた皇后は、石を腰にはさみ斧《おの》と鉞《まさかり》を振り上げて軍を指揮した、と書紀は書く。風の神は風を起こし、波の神は波を起こし、海の中の魚たちがことごとく船を押し上げ、楫《かい》も使わずに新羅に至り、潮は国の中までも満ちおよんだ、とも書く。

戦前の『尋常小学國史』(文部省)でも次のように書いていた。

軍船海にみちく〵御勢すこぶる盛なりしかば、新羅王大いに恐れていはく、「東の方に日本といふ神国ありて、天皇といふすぐれたる君いますと聞く。今来されるは、必ず日本の神兵ならん。いかでかふせぎ得べき」と。ただちに白旗をあげて降参し、皇后の御前にちかひて、「たとひ太陽西より出て、川の水さかさまに流る時ありとも毎年の貢はおこたり申さで」といへり。

書紀は、この時、高麗《こま》（高句麗）と百済《くだら》も臣従を誓い、「内官家屯倉《うちつみやけ》」を定めた。つまり、朝鮮半島諸国を属国にし、任那《みまな》日本府を置いた、というように書く。

戦前、この物語は軍国主義日本の半島・大陸への進攻の精神的支柱とさえなっていた。戦後は一転、教科書どころか、歴史研究者らにも無視されるようになった。仲哀天皇も神功皇后も架空の人物とされ、半島への軍事行動は架空の物語とされ続けている。

神功皇后の稚桜宮（若桜）宮

記紀によると、神功皇后は新羅から凱旋し、宇彌《うみ》（福岡県宇美町と伝承）で出産した。この皇子こそ誉田別《ほむたわけ》皇子、後の応神天皇とされる。

誉田別皇子が母の神功皇后とともにヤマト（畿内）に帰還しようとした時、腹違いの兄である麛坂《かごさか》王と忍熊《おしくま》王（母は彦人大兄の女、大仲姫）の反乱があったのだが、結果は神功・応神側の大勝利、畿内にかつてない強大王権をうち立てた。「応神王朝」とも呼ばれる。都宮の伝承地や歴代の王陵が大阪府の摂津・河内地方に多く営まれたことから「河内王権」とも呼ばれる。

神功皇后と誉田別（応神天皇）は、九州からやってきて兄たちの畿内勢力を打ち破った。東遷勢力が、従来からのヤマト王権を服属させて新王権を樹立した歴史事実を反映した物語とも解釈できるのである。

記紀を素直に読めば、応神と北九州や朝鮮半島との強いつながりを推測せざるを得ない。半島から渡ってきた王権、との解釈もできるかもしれない。果たして、どこまでが架空で、どこまでが事実なのだろうか。

㊤宇美神社　㊦境内には応神天皇の「産湯の水」と伝える井戸もある（福岡県宇美町）

神功皇后とは異なり、応神天皇の実在性を否定する研究者はほとんどいない。むしろ、「実在が確実な最初の天皇」という評価が多い。そんな誉田別皇子の立太子にあたり、磐余に若桜（稚桜）宮を造営したと伝えるのである。どう解釈すればいいだろうか。王権にとって磐余の地は特別だったのだろうか。

履中天皇の磐余稚桜宮

履中《りちゅう》天皇は仁徳《にんとく》天皇の第一皇子。母は葛城襲津彦の女《むすめ》で仁徳天皇の皇后となった磐之《いわの》媛《ひめ》。応神王統の正嫡であり、葛城系の天皇でもあった。

履中は磐余稚桜宮で即位した、と『日本書紀』は伝える。ずっと磐余の地で居たらしく、翌二年冬十月に「磐余に都を造る」、冬十一月には「磐余池をつくる」と書く。また、稚桜宮と名付けたいきさつについて、三年冬十一月のこととして次のように記す。

天皇は皇妃となった黒媛とともに、磐余《いわれ》市磯池《いちしのいけ》に両枝船《ふたまた》を浮かべて舟遊びを楽しんだ。

膳臣余磯《かしわでのおみあれし》という人物が天皇に酒を献じたとき、桜の花が舞い落ちてきた。

「この花は咲くべき時季でないのに咲いた。いったいどこの花だろうか」。

不思議に思った天皇は、物部長真胆連《もののべのながまいのむらじ》に命じて桜を探させた。長真胆連はあちこちを探し回った。やっとのことで掖上室山《わきがみのむろやま》で見つけ出し、献上した。天皇は大いに喜び、即座に宮の名を磐余稚桜《いわれわかざくら》宮と名付けた。

〈巻第十二・履中天皇〉

掖上の室山の場所には諸説ある。御厨子《みずし》観音（妙法寺）のある御厨子山を古代は「わきのかみのむろやま」（御厨子山は、磐余池の「わき」にあり、付近に「北室」や「南室」の地名を残すという）という説も一つ。また、御所市室付近との見方もある。御所市であれば、履中天皇と葛城との強いつながりを何となくにおわせる。

去来穂別《いざほわけ》（後の履中天皇）は皇太子時代、羽《は》田矢代《たのやしろ》宿祢の女である黒媛を妃にしようと考えた。婚約も整い、同母弟の住吉仲《すみのえのなか》皇子を使者に出した。ところが、住吉仲皇子は、

「自分が太子である」

と偽って黒媛を奸してしまった。寝室に鈴を忘れて帰ったことで発覚した。

身の危険を感じた住吉仲皇子は一大事となるのを恐れて、太子を殺そうとして兵を起こし、太子の宮を囲み、火を付けた。

太子は、平群木菟宿祢《へぐりのつくのすくね》、物部大前宿祢《もののべのおおまえすくね》、東漢《やまとのあや》氏の祖とされる阿知使主《あちのおみ》の三人に守られ、かろうじて脱出。河内国の埴生坂《はにゅうざか》に至り、難波を振り返れば屋敷が燃える火が見えた。一晩中、火は消えなかった。

〈巻第十二・履中天皇〉

去来穂別太子は、埴生坂から大和の石上《いそのかみ》の振《ふる》神宮（天理市の石上神宮）へ向かって夜道を急いだ。飛鳥山（河内飛鳥）の入り口で出会った少女が「山には武器をもった者が満ちています」とアドバイス、難を免れることができた。

石上の振神宮に逃れた去来穂別太子のもとにもう一人の弟王の瑞歯別《みつはわけ》皇子が訪ねてきた。去来穂別は「お前に本当に邪心がなければ、難波に戻って仲皇子を殺してこい」と命令した。

瑞歯別は、「ともに私の兄。誰に従い、誰にそむけば良いのだ」と悩んだが、難波に戻って、住吉仲皇子に仕えていた刺領巾《さしひれ》という隼人《はやと》をたぶらかし、仲皇子を殺すようそそのかした。刺領巾は厠《かわや》に入ろうとする仲皇子を襲い、矛《ほこ》で刺し殺した。「必ず厚く報いよう」とそそのかした瑞歯別だったが、事が成ると、「自分の君主を殺すのは許せない」と、刺領巾を殺してしまった。

同じ話が『古事記』にも載るが、さらにおぞましい。近習の隼人の名は曽婆加里《そばかり》とされている。大和への帰路、瑞歯別（『記』では水歯別）は、「功に報いて約束通り大臣の位を賜う」と曽婆加里を誉め、大鋺《おおまり》を渡し、満々と酒を注いでやった。悦んだ曽婆加里が酒を飲もうと大鋺を傾けた瞬間、蓆《むしろ》の下に隠しておいた剣を取り出して斬ってしまった、という。

去来穂別は履中天皇となり、住吉仲皇子をだまし討ちのような形で殺した瑞歯別は、履中天皇の死後、反正《はんぜい》天皇として即位する。

仁徳天皇の皇子三人による後継争い。殺伐

とした兄弟喧嘩のエピソードであるが、権力をめぐる争いの醜さをいやというほどみせつける物語でもある。

逃走した去来穂別が宮殿の燃える火の手を見たという埴生坂《はにゅう》は、今の大阪府羽曳野《はびきの》市の野中寺《やちゅう》付近と伝える。羽曳野丘陵の西側斜面あたりではないかと考えられている。大阪市の上町台地の北端、大阪城付近にあったと考えられる難波高津宮《なにわのたかつ》（仁徳天皇の宮居）からは直線距離にして一四、五キロ。宮を脱出した去来穂別らは難波大道を南進した後、大津道か丹比《たじひ》道を東進、羽曳野丘陵の高台に差しかかってはるかかなたで燃える宮殿を見た、ということらしい。

難波大道は、『日本書紀』の推古天皇二十一年条に見える「難波より京に至るまで大道を置く」に当たるとみられる古代官

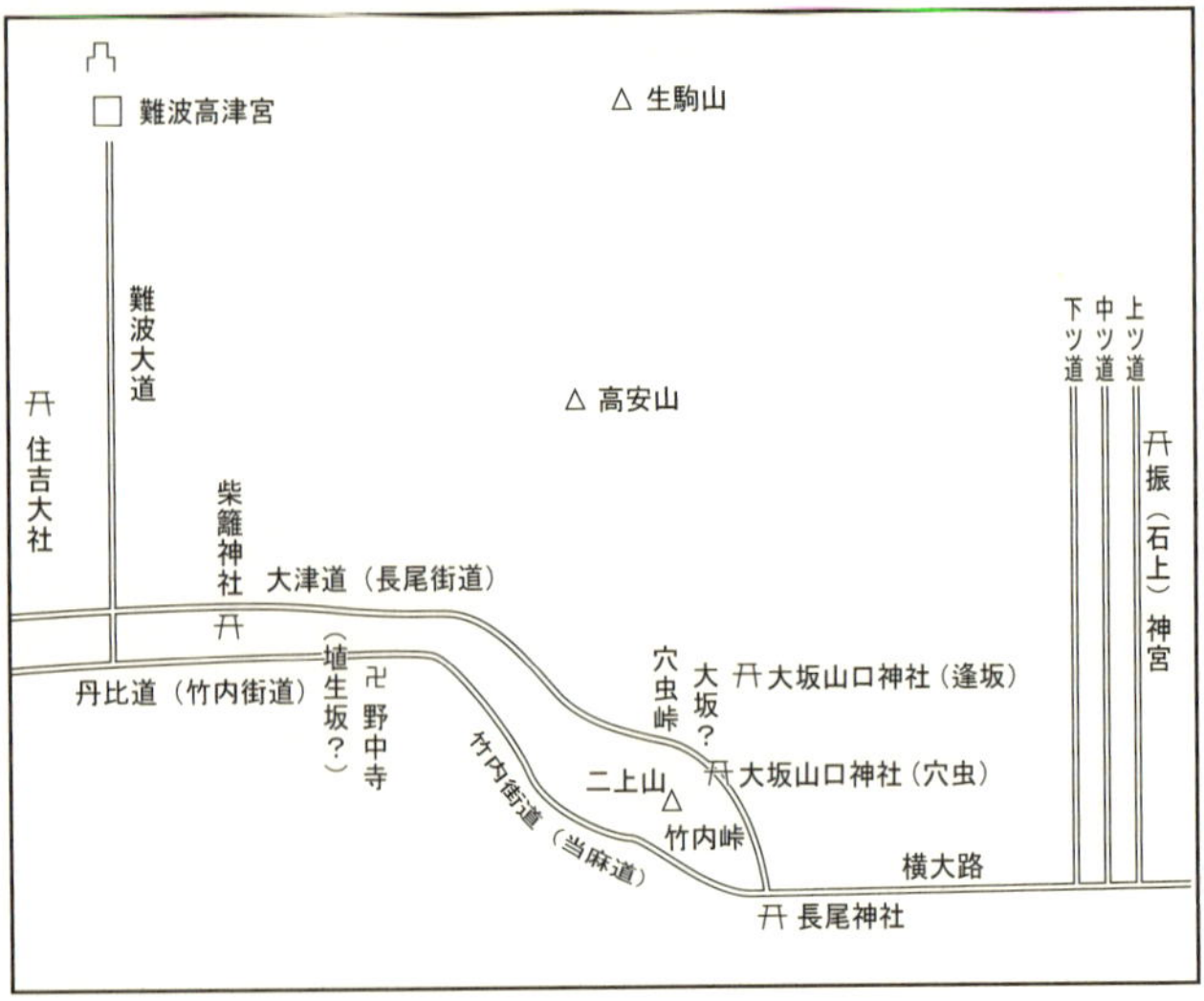

大和と難波・河内の古代官道

道で、難波宮から上町台地をまっすぐ南に延びていたと考えられている。大阪市天寺区には「大道町」の地名が残り、昭和五十五年（一九八〇）には、堺市と松原市の境界付近にある大和川今池遺跡から道幅約一七メートルの遺構が発見されている。

一方、大津道（後の長尾街道）と丹比道（後の竹内街道）は、この難波大道と直角に交差し、東は「竜田越え」「大坂越え」「当麻越え」などで大和（京）と結び、西は堺の港に通じていた。大津道と丹比道は葛城市の長尾神社付近で合流、東西にまっすぐな横大路となって磐余や飛鳥や藤原京に通じていた。

日本最初の官道、いわば国道1号線。いつ頃整備されたかははっきりしないが、履中紀のこの記事は、推古《すいこ》天皇の時代よりさらに早くからこうした陸上交通のルートが開かれていた可能性を示唆する。

物語は、ヤマト政権の権力中枢の河内から石上《いそのかみ》や磐余《いわれ》など大和へ移動（回帰）を物語っているのかもしれない。履中の次の反正は丹《たじ》比柴籬《ひのしばかき》宮（河内松原市上田の柴籬《しばかき》神社付近に推定地）に宮居を置いたとされるが、河内の都宮は、継体《けいたい》天皇の樟葉《くずは》宮など一時の宮居を除いてこれで最後になった。

古代において大和と河内の間に大きな権力対立があったとは考えにくい。むしろ、大和・河内は一体として権力の中枢地だったと考えた方がいいと思うが、履中天皇の磐余稚桜宮は、磐余の時代、そして大和の時代の本格的な幕開けを告げるものであった。

清寧《せいねい》天皇の甕栗宮《みかぐり》

白髪《しらが》皇子（後の清寧天皇）は雄略《ゆうりやく》天皇の第三子。生まれつき髪が白かったという。身体が弱かったのだろうか。妃の名前は見えず、子供もいなかった。雄略天皇が亡くなる前年に皇太子になり、雄略が亡くなると、星川皇子の反乱事件を経て、磐余の甕栗宮《みかぐり》で即位したが、在位はわずか五年だった。

父の雄略天皇は、古代史の英雄でもあり、稀にみる暴君でもあった。「有徳天皇」と「大悪天皇」の二つの顔をもっていた、とされる。

允恭《いんぎょう》天皇の第五子。大泊瀬幼武《おおはつせわかたけ》と呼ばれた皇子時代から次々とライバルを倒し、葛城氏をはじめとする諸豪族を抑え込み、過去に例がないほどの盤石の政権基盤を確立した専制君主だった。

皇太子の地位にあった一番上の兄の木梨軽《きなしかる》皇子は、同母妹との禁断の恋仲となり皇位を棒に振った。仁徳天皇の子の大草香《おおくさか》皇子は、妹と大泊瀬幼武皇子の婚儀を喜んで承諾しながら使人にウソの報告をされ滅ぼされてしまった。この大草香皇子の遺児、眉輪《まよわ》王は父の仇の安康《あんこう》天皇（雄略の兄）を刺し殺し、葛城円大臣《つぶらのおおおみ》の家に逃げ込んだが、兵を挙げた大泊瀬幼武のために円大臣とともに焼き殺されてしまった。円大臣は葛城氏の本宗家の立場にあり、この事件をきっかけに葛城氏は大王権に屈服していく。

さらに大泊瀬皇子は、大泊瀬皇子とは従兄弟だった市辺押磐《いちべのおしわ》皇子を、近江の蚊屋野《かやの》での狩猟でだまし討ちのような格好で弓で射殺した。市辺押磐皇子は履中天皇と葛城黒媛の間にできた皇子で、葛城氏にとってはホープ的な存在だった。同じ月、市辺押磐の同母弟だった御馬《みま》皇子も逮捕、「三輪の磐井」のほとりで殺害した。

中国の史書によると、五世紀、列島には「倭の五王」と呼ばれる大王がいた。讃・珍・済・興・武である。十三回にわたって南朝に朝貢した。

『宋書』によると、四七八年、倭王武が「使持節都督　倭・百済・新羅・任那・加羅・秦韓・慕韓七国諸軍事・安東大将軍倭国王」を名乗って上表した。

「封国は遍遠にして藩を外になす。昔より祖禰《そでい》　躬《みずか》ら甲冑《かっちゅう》を環《つらぬ》き、山川を跋渉《ばっしょう》し、寧処《ねいしょ》にいとまあらず。東は毛人を征すること五十五国、西は衆夷を服すること六十六国、渡りて海北を平らぐること九十五国。王道融泰にして、土をひらき畿をはるかにす……」

有名な「倭王武の上表文」の冒頭部分だが、武を雄略とする見方は定説化している。和風諡号は「大泊瀬幼武《おおはつせわかたけ》」だった。

昭和五十三年（一九七八）、元興寺文化財研究所（本部・奈良市）によるサビ落とし中に発見された稲荷山古墳（埼玉県行田市）の出土鉄剣に刻まれた百十五文字の金象嵌《きんぞうがん》（金錯）銘文には、「獲加多支鹵大王」と刻まれ、ワカタケル大王、つまりオオハツセワカタケ＝雄略天皇のこととされた。

銘文は、「乎獲居臣《おわけのおみ》」という鉄剣の所有者

稲荷山古墳出土の金象（錯）銘鉄剣の銘文に見える「獲加多支鹵大王」（埼玉県教育委員会『稲荷山古墳出土鉄剣嵌銘概報』〈昭和54年〉より）

（稲荷山古墳の被葬者であるかどうかは諸説がある）は、「意冨比垝《おほびこ》」という上祖から八代目にあたること、「杖刀人」という武人の家系だったこと、「獲加多支鹵大王」が「斯鬼宮《しきのみや》」にいる時に天下を治めることを佐《たす》けたことを記す内容だった。

　鉄剣には「辛亥年」という記年銘が刻まれていたが、これを四七一年の「辛亥年」とみれば、雄略の在位中のことになる。

　なお、この鉄剣銘文の発見により、熊本県・江田船山古墳出土鉄剣の銀象嵌銘文にあって蝮之瑞歯別《たじひのみずはわけ》＝反正《はんぜい》天皇のことと解釈されてきた「治天下獲□□鹵大王世」についても「ワカタケル大王」とみなされるようになり、雄略天皇が東は関東から西は九州まで統治していたことを示す、と考えられるようになった。

　これは、「東は毛人を征すること五六国、西は衆夷を服すること六六国」とする上表文の記述に通じるところがあり、ヤマト王権の全国統一は五世紀後半の雄略天皇の時代にほぼ完成していた、との考え方が浮上することになったのである。

雄略天皇の泊瀬朝倉宮は、桜井市の脇本遺

跡ではないか、といわれる。五世紀後半の南北に連なる細長い二棟の大型建物遺構の柱穴は直径三〇センチほどもあり、飛鳥時代の宮殿や寺院に匹敵する豪壮さ。一メートル以上に土を埋め立てた大がかりな整地土層や石垣を積んだ堀跡なども見つかっている。

立地場所は、初瀬（泊瀬）川の北岸、近鉄朝倉駅の北東約七〇〇メートル。まさに「泊瀬の朝倉」の地にあたる。磐余とは目と鼻の先のような場所にある。

雄略の在位は二十三年に及んだ。晩年は、後継問題が心配のタネであり大いに悩んだ様子がうかがえる。書記は、雄略は、諸皇子の中で白髪皇子の「霊異なところ」にひかれていたように書くが、白髪皇子の弟の星川皇子について死の間際、「心に悪意をいだき、行動において兄弟の義を欠いている」と非難した、と伝える。

星川皇子の母は吉備上道臣《きびのかみつみちのおみ》の女《むすめ》の稚媛だった。書紀によると、母の稚媛は、「天皇の地位に即こうとするなら、まず大蔵の官を取れ」と教えた。総理になろうとすればまず大蔵大臣（いまは財務大臣）に、ということなのか。

同母兄の磐城皇子は「弟の皇太子（白髪皇子のこと）を欺くことはできない」と反対したが、星川皇子は母の意向に従って大蔵の官を取り、財物を欲しいままにした。このため、大伴室屋大連《おおとものむろやおおむらじ》は東漢掬直《やまとのあやのつかのあたい》に命じて軍を発し、大蔵を囲み、火をつけて星川皇子を焼き殺した。母の稚媛もいっしょに焼き殺されてしまった。

報せは、稚媛の実家の吉備《きび》（岡山県と広島県東部）にも届いた。吉備上道臣らは軍船四十艘を出して、海を渡ろうとした。しかし、稚媛と星川皇子が既に焼き殺されてしまったことを知り、途中で引き返した。

雄略の死の間際の遺言が遺臣たちの乱に対する迅速な対応を促したものだろう。雄略は死してなお政敵を倒したともいえる。ただ、その相手は我が子だった。

雄略帝は、激動の時代に対処するため、愛しい我が子を磐余で即位させたのだろうか。磐余に都宮を置くということは、何らかの大きな意味があったに違いない。

清寧天皇の甕栗宮での所業を伝えるのは、大庭《おおば》での宴、海外の使者のための朝堂での宴、百寮と外国使節を招いて行った射殿での催しなどに過ぎないが、記事は磐余が天下を治めるのにふさわしい地であったことを何となくにおわせる。

しかし、甕栗宮の場所はまったく見当がつかない。

継体天皇の磐余玉穂宮

『日本書紀』は、武烈《ぶれつ》天皇をたいへんな暴君として描く。

妊婦の腹を割いて胎児を見た。人のナマ爪《つめ》を抜いてイモを掘らせた。人を池の桶に押し込み、流れ出るところを三刃の矛《ほこ》で刺し殺すのを楽しみとした。女を裸にして板の上に座らせ、馬と交接させた。木の上に登らせた人を振り落としたり、弓で射落として殺した……。

書紀は、常識では考えられないような行為を羅列する。「しきりに多くの悪業をされ、ひとつも善業を行われなかった。人民はことごとく震い怖《おそ》れた」とも書く。いつも美食して、酒に酔いしれ、奇怪な遊びとみだらな音楽と贅沢に明け暮れていた、と書く。

その武烈天皇が亡くなったが皇子女がなく、継嗣が絶えようとした。

大伴金村は、「天下の人々はどこに心を寄せたらよいのであろうか」と嘆き、丹波国の桑田郡（京都府亀岡市付近とされる）にいた仲哀《ちゅうあい》天皇の孫の倭彦王《やまとひこのおおきみ》を天皇に迎えることを提案した。ところが、迎えの軍兵を送ると、王はびっくりして青くなり、山中に逃げ込んで行方をくらましてしまった。

年が明けて正月、金村は、今度は応神天皇の五世の孫、男大迹《をほど》王を越の三国（福井県三国町）から迎える提案をした。

男大迹王の父は彦主人《ひこうし》王といい、はじめ近江の高島郡の三尾（滋賀県高島市）にいた。母は垂仁天皇の七世の孫にあたる振媛。彦主人王が早く亡くなったので、振媛は高向《たかむこ》（福井県丸岡町付近）に帰郷して男大迹王を育てた。

男大迹王は五十七歳になっていた。威儀を整えて迎えに行くと、平然とあぐらに座り、既に帝王の威風を備えていた。

まもなく、樟葉《くすは》宮（大阪府枚方市付近とされる）で即位した。継体《けいたい》天皇である。仁賢《にんけん》天皇の娘、手白香《たしらか》皇女を皇后に立てた。即位五年目に都を山城の筒城《つつき》宮（京都府綴喜郡田辺町付近とされる）に移し、十二年目に弟国《おとくに》宮（京都府長岡京市付近とされる）に移った。さらに、二十年目に大和入りして磐余玉穂《いわれたまほ》宮を定めた。

〈巻第十七・継体天皇〉

継体天皇像
（福井市・足羽公園）

継体天皇は「応神の五世の孫」とされるが、作り話であり、それまでの王統とは関係のない地方豪族の出身ではないか、との考え方がある。「王朝断絶論」、「王朝交代論」だ。武力によって王権を簒奪したのではないか、との説もある。

　即位の場所は北河内の樟葉宮だったが、以後も山城（京都府）を転々とし、二十年もの間大和入りを果たせなかった。陵も、古市や百舌鳥《もず》ではなく歴代の陵墓地帯から一つポツンと離れたところ（三島藍野陵＝大阪府茨木市に比定）にある――。こうしたことも、新王朝説の根拠とされている。

　書紀によれば継体には九人の皇妃があった。三尾氏、息長《おきなが》氏、坂田氏など、近江の豪族の娘が多い。尾張（愛知県）の大豪族、尾張連の娘もいる。また、母の振媛は越の出身で、祖父は美濃（岐阜県）から妻を迎えた、とされる。本当に応神天皇に連なる血統だったかどうかは確かめようのないところだが、琵琶湖周辺を中心に畿内北辺部に勢力を張り、北陸や愛知、岐阜県あたりとも関係の深かった勢力をバックにしていたことは間違いないところだろう。

この時代になると実年代がかなりおさえられ、継体の即位は五〇七年とされる。継体朝には「任那四県の割譲（五一二年）や「磐井の反乱」（五二七—五二八年）など大事件が相次ぐ。動乱の六世紀の開幕である。

継体天皇の擁立で活躍したのは大伴金持。越から招くことを提案したのも、樟葉宮《くすは》での即位のとき天子のみしるしの鏡と剣を献上したのも金村。「王朝断絶」の危機の中で、政府内第一の実力者としてリーダーシップを発揮したことが、書紀の記述からうかがえる。

継体天皇六年（五一二）、百済は日本の支配下にあった任那《みまな》（朝鮮半島南端地域）の上哆唎《おこしたり》、下哆唎《あるしたり》、娑陀《さだ》、牟婁《むろ》の四県を割譲するよう要求してきた。

帰国した哆唎の国守の穂積臣押山《ほずみのおみおしやま》は、「四県は日本からはあまりにも遠方だが、百済にとっては地続き。いま百済にこの好餌《こうじ》を与えるのは不利でなく、かえって関係改善に役立つでしょう」

と建言した。

朝廷は重心を集めて協議した。金村は要

求に応じるよう主張した。物部麁鹿火《あらかひ》が反対したが聞き入れなかった。会議に出なかった勾大兄《まがりのおおえ》皇子（後の安閑天皇）も聞きつけて大反対したが間に合わなかった。

押山と金村は百済から賄賂《わいろ》を受けた、とのうわさが流れた。

〈巻第十七・継体天皇〉

百済への四県の割譲。これによって、朝鮮半島におけるヤマト王権（日本）の立場は苦しくなるばかりで、やがて日本の半島経営の拠点としてきた任那日本府の滅亡へとつながる。大伴金村は、任那滅亡の出発点となった四県割譲を許した張本人とされ、失脚してしまった。

継体天皇の玉穂宮の場所は分かっていない。桜井市池之内の稚桜神社から二―三〇〇メートル西南、「おやしき」と呼ばれる小高い丘付近とする推論はあるが、確定する根拠はない。もしかすれば、継体天皇は実際は大和入りを果たして（行って）いなかったのかもしれない。ただ、継体が新王権だったとすれば新王権の都宮を磐余に置いた、と記すこと自体は無視できない。磐余の地は、始祖王や伝説の女王ばかりでなく、新王朝にとっても特別な場所だったということになる。

敏達天皇の訳語田幸玉宮《おさだのさきたまのみや》

敏達《びだつ》（渟中倉太珠敷《ぬなかくらのふたたましき》）天皇は、欽明《きんめい》天皇の第二子。母は宣化《せんか》天皇の女である石姫皇后。欽明天皇二十九年に皇太子となり、三年後の同三十二年四月、欽明の死によって即位した。初め、百済大井《くだらのおおい》宮（北葛城郡広陵町付近、大阪府富田林市付近などの説がある）でいたが、即位四年目にして、「宮を訳語田《おさだ》に造営した。これを幸玉《さきたま》宮という」と『日本書紀』は、伝える。

敏達天皇は「仏法は信じず、文章や歴史を愛した」という。しかし、先帝の欽明天皇の時代に半島の百済からもたらされたと伝える仏教の受容か排斥か、崇仏か破仏かをめぐって繰り広げられた争いに、生涯、翻弄され続けた。

欽明《きんめい》十三年冬十月、百済《くだら》の聖明王（聖王）から、金銅の釈迦《しゃか》仏一躯《く》、幡蓋《はたきぬがさ》若干、経論若干巻をもたらされた。

「この法《みのり》は多くの法の中でも最もすぐれています。限りない幸福や果報をもたらします。遠く天竺《てんじく》から三韓《みつからくに》に至るまで、仏法の教えを護持し尊びうやまっていない国はございません」

天皇は大変喜んだ。そして

「これほどすばらしい法は聞いたことがない。しかし、礼拝すべきか、どちらとも決めかねる」

と、群臣らを集めて尋ねた。

蘇我稲目《そがのいなめ》は、

「西蕃《にしのとなりのくに》の諸国がみな礼拝しています。日

本だけが背《あざむ》くべきではありますまい」

しかし、物部尾輿《もののべのおこし》と中臣鎌子《なかとみのかまこ》は強く反対した。

「蕃神を礼拝されるならば、国神《くにつかみ》の怒りはまぬかれないでしょう」

〈巻第十九・欽明天皇〉

書紀の伝える「仏教公伝」である。その年次は欽明十三年（五五二）のことだったと記すが、「上宮聖徳法王帝説」や『元興寺伽藍縁起《がんこうじがらんえんぎ》』は「戊午年」、五三八年のこととしている。十四年の開きがあるが、六世紀前半ごろまでに、民間ルートも含めてさまざまな形で、仏教の教えや知識、仏像、仏具などがわが国にもたらされ、渡来人を中心に信仰が広まっていたことは間違いないところだろう。

五八八年の飛鳥寺の造営開始によって「仏教国家」への歩みを始めるまでは、受容か否かをめぐってさまざまな相克《そうこく》が相次いだ。

賛否の分かれるのを知った欽明天皇は、「礼拝を願っている稲目に授け、試みに礼拝させてみることにしよう」と裁断した。稲目は喜び、小墾田《おはりだ》に安置して修行し、向原《むくはら》の家を寺とした。

やがて、疫病が流行して人々が次々と死んだため、尾輿と鎌子が「早く仏を投げ棄てるべきです」と奏上。

天皇は承知し、仏像を難波の堀江に流し棄て、伽藍《がらん》に火をつけて焼いた。

すると、風もないのに、にわかに大殿（欽

明の磯城嶋金刺宮《しきしまのかなさしのみや》＝桜井市金屋、慈恩寺付近に推定）から出火した。

〈巻第十九・欽明天皇〉

稲目が仏像を安置した「小墾田《おはりだ》の家」と寺に改修したという「向原《むくはら》の家」は、甘樫丘《あまかしおか》北麓にあたる明日香村豊浦《とゆら》あたりにあったといわれる。

飛鳥地方最初の宮都となる推古天皇の豊浦宮《とゆらのみや》が営まれた地。集落内にある浄土真宗・向原寺《こうげん》は、その名などから「ムクハラの寺」の地に建つと伝承する。その向原寺境内からは、飛鳥時代の豊浦寺の版築遺構と豊浦宮の石敷き遺構が見つかっている。

敏達天皇の訳語田幸玉宮

仏教公伝の翌年の欽明十四年（五五三）、茅渟海《ちぬのうみ》（大阪湾）から発見された光り輝く樟木《くすのき》で二躯の仏像を造った、との伝えがある。敏達《びだつ》六年（五七七）には、百済から経論のほか、律師、比丘尼《びくに》、造仏工、造寺工などが送られてきた、との記事もある。

仏教は着実に根を下ろしていったらしい。しかし、「破仏」も続く。崇仏派の代表は蘇我氏だったのに対し、廃仏派の代表は物部氏。敏達天皇時代になってもいがみ合いが続いた。

敏達《びだつ》十三年（五八四）、百済から弥勒《みろく》の石像一躯と仏像一躯を招来した。蘇我馬子の手に入った。馬子は、邸宅の東に仏殿を営み、弥勒の石像を安置し、法会を行った。このとき司馬達等《しめたつと》が、仏に供える食器の中から舎利を見つけ馬子にたてまつった。
舎利は、カナトコに置いて鉄の槌で打ってもビクともせず、カナトコと槌が砕けた。水に入れると、願いのままに浮き沈みした。感動した馬子は、石川の邸宅に仏殿を造った。仏法の初めはこれより起こった。

翌十四年、馬子は塔を大野丘の北に建てて、達等の会得した舎利を納めた。

まもなく馬子が病にかかり、人々の間にも疫病が流行して死者が相次いだ。物部守屋と中臣勝海《なかとみのかつみ》が

「これは蘇我臣が仏法を広めているからに違いありません」

と奏上、天皇は「仏教の禁断」を決断した。

さっそく守屋は大野丘の塔を切り倒して火を放ち、仏像や仏殿も焼き払った。焼け残りの仏像は難波の堀江に棄てた。さらに、尼たちの法衣をはぎ取り、身を縛って海石榴市《つばきいち》で鞭《むち》打った。

ところが間もなく、疱瘡《ほうそう》が国中に流行し、天皇と守屋もわずらった。多くの死者が出た。人々はひそかに

「仏像を焼いた罪だ」

と語り合った。

〈巻第二十・敏達天皇〉

崇仏と破仏の相剋は、天皇は欽明、敏達、用明の三代にわたり、蘇我氏は稲目、馬子、物部氏は尾輿、守屋のそれぞれ父子二代にわたった。政権争いが、いがみ合いに拍車をかけ、ついに大きな武力衝突を引き起こす。最終決着は、馬子が守屋を倒す用明《ようめい》二年（五八七）

の崇仏・排仏戦争へ持ち越された。

敏達天皇の訳語田幸玉宮

『日本書紀』によると、敏達天皇は、訳語田幸玉宮を定めた四年の春正月、息長真手王《おきながまて》の女、広姫を皇后に立てた。広姫は、押坂彦《おしさかのひこ》人大兄《ひとおおえ》皇子と二人の皇女（逆登《さかのぼり》皇女と菟道磯津《うじのしっ》貝《かい》皇女）を生んだ、という。

ところが広姫は、皇后になったその年の十一月に亡くなったと伝える。翌五年春三月、官人たちの奨《すす》めで、敏達は異母妹の豊御食炊屋姫《とよみけかしきやひめ》（後の推古天皇）を新しい皇后に立てた、とある。

豊御食炊屋姫の生母は蘇我稲目の女、堅塩媛《きたしひめ》。豊御食炊屋姫は、蘇我氏にとっては勢力伸張の〝頼みの綱〟ともいえる存在だったに違いない。豊御食炊屋姫と敏達天皇との間に生まれた子は二男五女。皇女の中には、聖徳太子夫人、押坂彦人大兄皇子夫人、舒明天皇夫人などがいたが、男子は、推古天皇の期待空しく早逝したと推測される竹田皇子らだったが、皇位を嗣ぐ者はいなかった。

これに対し、先の皇后、広姫の産んだ押坂彦人大兄皇子の子、田村《たむら》皇子は推古女帝亡き後即位して舒明《じょめい》天皇となった。これに続く皇《こう》極《ぎょく》（斉明《さいめい》）、孝徳《こうとく》、天智《てんぢ》、天武《てんむ》の各天皇は皆彦人大兄の孫たちである。飛鳥時代の主役たちである。この王統譜をさして、「忍坂王権」「息長王権」などの呼び名があり、「敏達王朝」と呼ぶ場合もある。

訳語田幸玉宮はどこにあったか、分かっていない。ただし、宮跡伝承があり、有力視さ

訳語田幸玉宮伝承地と伝える桜井市戒重の春日神社㊤、境内に立つ看板㊦

れるのが桜井市戒重の春日神社付近である。春日神社はもと長田宮《おさだ》といったと伝え、『延喜式』に載る磯城郡の他田坐天照御魂神社《おさたにますあまてらすみたま》は同社のこととされている。

付近一帯は、阿倍丘陵の先端台地ともいえる高燥地。東から西にこの高燥地を取り巻くように寺川が流れる。

朱鳥《あけみどり》元年（六八六）、十月三日、謀反の疑いをかけられた大津皇子は、「訳語田の舎《いえ》」で死を賜った、と伝える。書記は「時に二十四歳。妃の山辺《やまのべ》皇女が髪をふり乱し、はだしで駆けつけて殉死した。見る者は皆、すすり泣いた」と書く。その「訳語田の舎」も、訳語田宮の跡地か、付近にあった、と推測できる。

用明天皇の池辺双槻宮《いけべなみつき》

用明天皇は、欽明天皇の第四子。母は、蘇我氏出身の堅塩《きたし》媛、推古天皇の同母弟である。敏達《びだつ》天皇が在位十四年で亡くなると、即位して磐余に都を造った。池辺双槻宮《いけべのなみつき》という、と『日本書紀』は伝える。

敏達天皇の殯宮《もがりのみや》は広瀬に造られた。殯《もがり》は、埋葬までの間、遺体を喪屋《もや》（大王の場合は殯宮）に安置し、遺族や近親者が死者の霊を慰める儀式。大王の殯では、誄《しのびごと》儀礼を繰り返し、最後に日嗣《ひつぎ》（王統譜）が奏上され和風諡号《しごう》が献呈されるなど、大王位（皇位）継承儀礼としても重要な意味を持っていた、という。広瀬は北葛城郡広陵町あたり、曽我川と葛城川にはさまれた低地だったとみられている。

広瀬の殯は不穏な空気に包まれることが多かった。蘇我馬子《そがのうまこ》大臣が誄《しのびごと》をすると、物部《もののべの》守屋《もりや》大蓮が「まるで猟箭《ししゃ》（狩猟用の矢）で射られた雀のようだ」とあざ笑った。守屋が手足をふるわせながら誄をすると、こんどは馬子が「鈴を懸けたら良い」とけなした。

広瀬の殯宮には、敏達天皇の異母弟にあたる穴穂部《あなほべ》皇子もよく出入りした。突然、「どうして死んでしまった王のもとに奉仕して、生きている王のもとに仕えようとしないのか」と怒鳴り散らしたようなことがあった、と書記は書く。

穴穂部皇子は、兄敏達の後継として、皇位に即くことを強く願っていたらしい。ところが、蘇我馬子が推した橘豊日尊《たちばなのとよひのみこと》が、敏達の死から一カ月も経たぬうちに即位した。天皇である。

敏達、用明、そして穴穂部皇子はいずれも欽明《きんめい》天皇の子。用明は穴穂部よりかなり年上だったとみられる。二人は異母兄弟。用明の母は堅塩媛、穴穂部の母は妹の小姉君《おあねのきみ》だった。母たちもきわめて近い血縁関係にあった。用明の即位は決して理不尽なものではなかったはず。ところが穴穂部はなぜか、よほどの不満とイラダチを募らせていたようだ。

穴穂部は翌年の五月、殯宮に奉仕していた炊屋姫《かしきやひめ》皇后（敏達皇后、のちの推古《すいこ》天皇）を犯そうと殯宮に押し入ろうとした、という奇妙な記事がある。守衛をしていた三輪君逆《みわのきみさかう》に追い返される。三輪君逆は敏達の一番の寵臣だった。必死に殯宮を守ろうとしたのだろう。穴穂部は七度にわたって「門を開け」と叫んだ

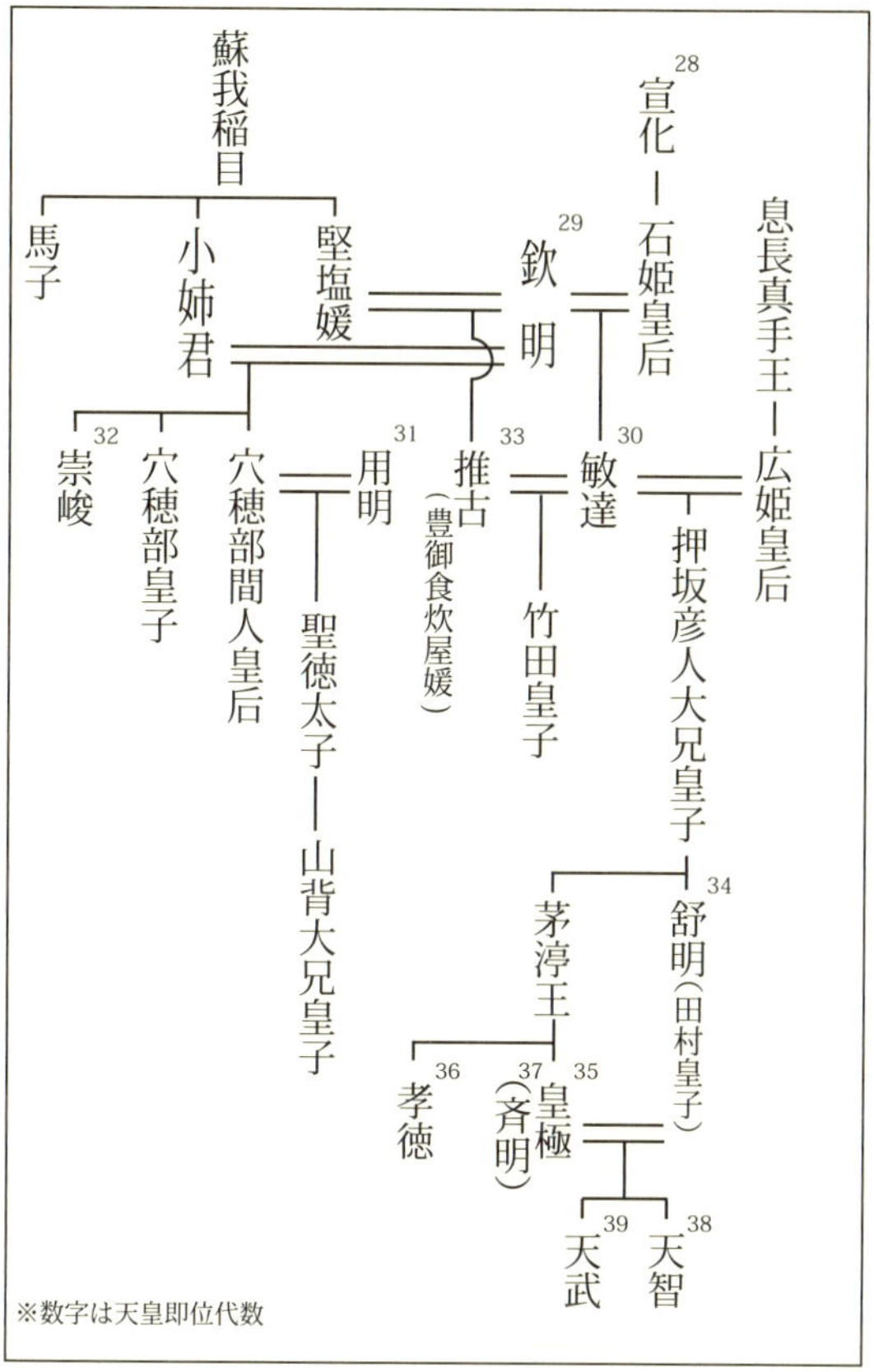

が押し返されたという。
穴穂部はカンカンに怒った。「あいつを斬ってしまいたい」。逆を殺すことを口実に、物部守屋とともに軍を率いて磐余池辺宮《いわれのいけべのみや》を囲んだ。逆は逃げ、三輪山に隠れた。守屋は捜索に向かった。穴穂部も逃げた逆を追おうとしたが、駆け付けた蘇我馬子が「王《きみ》たる人は刑人《つみびと》を近づけてはなりません」と諫《いさ》め、制止した。しかし、やがて、守屋が「逆を斬って参りました」と報告してきた。一書によると穴穂部自身が射殺した、とある。
用明天皇はそれからまもなく病に倒れた。病弱だったらしい。五八七年四月、即位二年目にして亡くなる。守屋は、野心満々の穴穂部を立てて天皇にしようと河内の阿都《あと》（現八尾市）に軍衆を集めた。

一方、馬子は炊屋姫を奉じて軍を起こし、まず、佐伯連丹経手《さえきのむらじにうて》らに穴穂部皇子の殺害を命じた。皇子の宮を攻めると、皇子は楼の上に登り防戦した。しかし、馬子軍によって肩を切りつけられ楼の下に転落、近くの建物の中に逃げ込んだが、見つかり、殺された。穴穂部と親しい仲だった宅部《やかべ》皇子（宣化《せんか》天皇の皇子）も襲われ、殺された。

斑鳩・藤ノ木古墳は法隆寺南大門西約三五〇メートルにある。直径約五〇メートルの円墳。昭和六十年（一九八五）、明日香の石舞台古墳を一回り小さくした横穴式石室の中から朱塗り石棺と豪華な透かし彫り文様を施す鞍金具などの金銅製馬具が発見され、世間を驚かせた。

朱塗り石棺は盗掘を受けていない、稀にみる未盗掘棺。昭和六十三年（一九八八）、全国民の注視を集めて開棺調査が行われ、成人男性二体の合葬が明らかになった。

誰が葬られていたのか。被葬者論争は白熱したが、橿原考古学研究所員として開棺調査を担当した前園実知雄氏は、二人の被葬者は穴穂部皇子と宅部皇子だったと考えている。

前園氏の著書『斑鳩に眠る二人の貴公子藤ノ木古墳』（新泉社）によると、古墳の築造時期は出土土器などから六世紀後半から末葉と推定される。棺内には、金銅製品、銀製品、おびただしいガラス玉などが残され、外来のきらびやかな装具で身を飾る被葬者像が浮かんだ。一方で大刀など副葬品は伝統的な倭風スタイルを踏襲していた。その豪華さから大王権との深い係わりを示唆した。

人骨鑑定結果では、北側被葬者は二十歳前後のわりに華奢な体格の男性、南側被葬者は、二十〜四十歳の壮年男性。北側被葬者の装具の方が圧倒的に優り、二人の身分、立場の違いをうかがわせた。

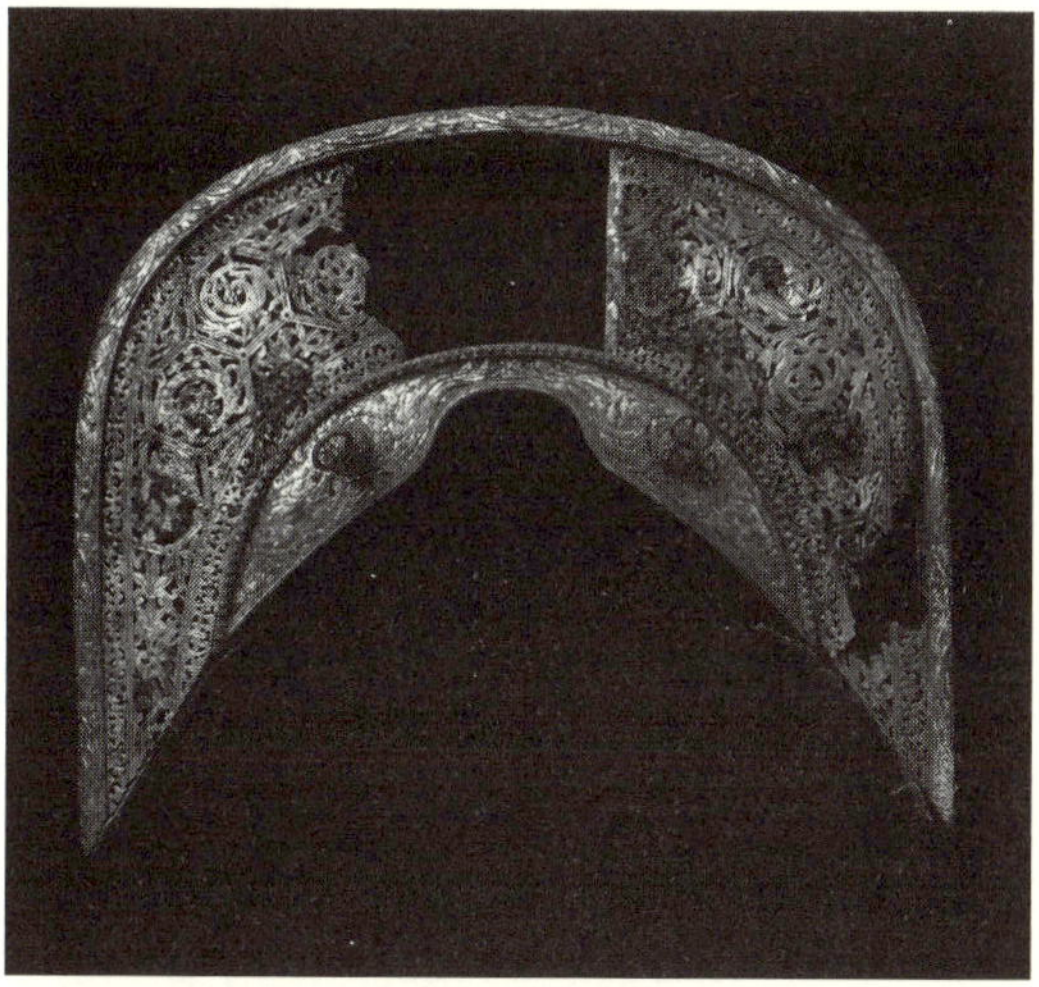

藤ノ木古墳出土の鞍金具。被葬者の一人は穴穂部皇子との見方が有力（文化庁所蔵・奈良県立橿原考古学研究所附属博物館保管）

棺内からベニバナとアカガシの花粉が見つかった。ベニバナは防腐剤として用いられていたらしい。アカガシの花粉は遺骸の納棺時にまぎれ込んだものらしい。アカガシの花粉が舞うのは初夏。穴穂部皇子が殺されたのは五八七年の夏四月七日、まさに初夏だった。

穴穂部皇子らを殺した蘇我馬子は、諸皇子や群臣に決起を呼びかけた。泊瀬部《はつせべ》皇子（のちの崇峻《すしゅん》天皇）、竹田皇子、厩戸《うまやど》皇子（聖徳太子）、難波皇子、春日皇子、紀男麻呂《きのおまろ》、巨勢《こせの》比良夫《ひろぶ》、膳傾子《かしわでのかたぶこ》、葛城烏那羅《かずらきのおなら》らが馬子の呼びかけに呼応、参戦した。大伴臣、阿倍臣、坂本臣、春日臣らも出陣、守屋の渋河《しぶかわ》の家（東大阪市）に軍を進めた。

守屋に味方したのは中臣勝海《なかとみのかつみ》くらい。軍勢に圧倒的な差があった。守屋は「渋河の家」で戦死。大和川の餌香川原《えがのかわら》には斬られて死んだ人々の遺骸が数百も折り重なったという。

崇仏・排仏戦争。欽明、敏達、用明の三代天皇、蘇我氏は稲目《いなめ》、馬子《うまこ》、物部氏は尾輿《おこし》、守屋《もりや》のそれぞれ父子二代にわたった崇仏・排仏の相克に決着がついた。仏教国家への歩みを開始するとともに蘇我氏による独裁的権力体制が確立した。


池辺双槻宮所在地にも諸説ある。ただ、その呼び名から池のほとりにあったことは間違いないだろうとされる。池は磐余池か磐余市磯池《いちしのいけ》だったと推定される。二つの池の所在地も諸説入り乱れるが、桜井市池之内から橿原市東池尻町のあたりとするのが有力。

御厨子《みずし》観音（妙法寺）東方の東池尻町字島井の集落は、東西に細長い高まりの上に人家がある。北側と南側の水田との比高差は二メートルほども。高まりは自然の土層ではなく、人工的に造った長さ三五〇メートルほどの堤の痕跡ではないかとみられてきた。平成二十三年、橿原市教委によって行われた発掘調査で、土を幾重にもたたき締めた版築層で、間違いなく堤の跡であることが確認された。履中天皇二年に造ったと伝える磐余池の堤との見方が有力になっている。すぐ東側の池之内集落には稚桜《わかざくら》神社があり、付近一帯が、履中天皇の稚桜宮と用明天皇の双槻宮の故地で、磐余の中心だったとの見方は強い。

桜井市教育委員会は、同市上之宮の奈良情報商業高校東側で、昭和六十二年四月から四年がかりで約二〇〇〇平方㍍を発掘調査。正殿（四面庇《ひさし》付き建物）と脇殿から構成され、庭園や二重の囲い施設を伴う六世紀後半から七世紀初頭ごろの居館遺構を掘り出した。

建物は柱筋を通す整然とした配置、同時代としてはほかに発掘例のない重要遺構の発見となった。

宮殿遺構の可能性もあり、あるいは、用明天皇の第一子の厩戸《うまやど》皇子（聖徳太子）が幼年時代を過ごしたという上殿《かみつみや》（上宮）では、と注目を集めた。

上殿は池辺双槻宮の南にあったと伝えられる。発掘された居館遺構が上殿であれば、池辺双槻宮は池之内付近ではない。「南に上殿」とするのと方角が合わないのだ。これに対し、もう一つの若桜神社がある桜井市谷付近が、池辺双槻宮の推定地として大きく浮上する。

磐余のいわれ

神武東征伝承

『日本書紀』の神武《じんむ》東征伝承によると、熊野へ迂回して上陸、頭八咫烏《やたがらす》の案内で吉野の険しい山々を越えてきた神武軍は菟田の穿邑《うがちむら》（宇陀市菟田野町に宇賀志というところがある）に到着した。吉野各地を訪ねるなどした後、菟田高倉山に登り大和盆地を見渡したところ、神武軍が賊軍とする八十梟帥《やそたける》（在地勢力）が盤踞《ばんきょ》していた。

女坂《めさか》には女軍《めいくさ》、男坂《おさか》には男軍《おいくさ》が居り、墨坂《すみさか》には炭火を起こして待ち受ける軍がいた。女坂、男坂、墨坂は、いまに女寄峠、墨坂峠などの地名を残す。宇陀山地から大和盆地に駆け下る道の峠である。坂を駆け下った磐余邑には兄磯城《えしき》の軍が充満していた、とする。

弟猪が奏上するところによると、「倭国の磯城邑には磯城の八十梟帥がおり、高尾張邑（葛城邑）には赤銅《あかがね》の八十梟帥がおります。天皇にさからって戦おうとしています」。つまり、大和盆地には、磯城地方と葛城地方に特に大きな佐地勢力がいたことを伝える。

宇陀に陣を構えた神武軍は、天香具山《あまのかぐやま》からこっそり持ち帰った土で焼いた土器を用いて「菟田川の朝原」で出陣の祭祀を行ったりした後、「忍坂《おさか》の道」と「墨坂《すみさか》」からの二つの道を大和に攻め下った。いまの宇陀市大宇陀区から女寄《めより》峠を経て国道166号に沿うルートを攻め下った軍と、宇陀市榛原《はいばら》の墨坂から西峠を越えて165号沿いに攻め下った軍がはさみ打ちしたとことになっている。

二つの国道が分岐するのが桜井茶臼山古墳のすぐ東にある宇陀ケ辻《うだがつじ》。大和平野から宇陀への出入口だ。宇陀ケ辻から166号を東南に進めばすぐ桜井市忍阪《おっさか》、神武伝承の「忍坂邑《おさかのむら》」の伝承地。神武軍が大きな室屋の中で饗宴を開き、すっかり酔っ払った磯城《しき》の八十梟師《やそたける》らを皆殺しにしたと伝える古戦場だ。

磯城邑《しきのむら》や磐余邑《いわれのむら》に充満していた兄磯城《えしき》の軍を討ち、次いで、高尾張邑《たかおはりのむら》（葛城邑）にいた赤銅《あかがね》の八十梟師《やそたける》を討った神武軍は、最後に残った長髄彦《ながすねひこ》を討った。長髄彦との戦いは苦戦を強いられたが、光り輝く金の鵄《とび》が飛んできて神武の弓の弭《はず》に止まり、賊軍を目くらましにし、勝利する。

神武軍はさらに、層富県《そほのあがた》の波多丘岬《はたのおかさき》に居た

「金鵄伝承」の図。
戦前の教科書に必ず載っていた。

新城戸畔《にいきとべ》、和珥《わに》の坂本の巨勢祝《こせのはふり》、長柄丘岬《ながらのおかさき》に居た猪祝《いのはふり》という土蜘蛛《つちぐも》、高尾張邑に居た土蜘蛛たちを征圧したとある。

層富県は後の添上郡、添下郡、いまの奈良市から大和郡山市にかけての地域。和珥は奈良市東南部から天理市北部にかけての地域。長柄は天理市南部か御所市南部、高尾張邑は御所市から葛城市にかけての地域とみられる。長髄彦の本拠地は、桜井市南部か、奈良市西部から大和郡山市にかけての富雄川沿いかとみられるので、神武軍は大和盆地全域を隅なく征圧したことになる。

磐余に集結

大和征圧の後、神武軍は磐余の地に集結した。その地はもと、片居または片立といったが、大軍が集まって満み《いわ》（充満して）いたので、名付けて磐余とした、とする。磐余の地名起源説話である。もとは「片居」、あるいは「片立」といったとするのも、竜門山塊から北方向になだらかに傾斜する磐余地方の自然地形を言い当てているようにも思える。

「磐余のいわれ」は神武東征伝承にあった――。神武は畝傍山の東南の橿原宮で初代天皇（始馭天下之天皇《はつくにしらすすめらのみこと》）として即位するが、その名は神日本磐余彦火火出見天皇《かむやまといわれびこほほでみのすめらみこと》。「磐余の男」なのである。

神武東征伝承はそのまま史実とはいえない。物語の細部は大方が作り話なのだろうが、大王権を確立した人物、つまり日本の始祖王を「磐余の男」としたことは、磐余を考える上では無視しがたい。ヤマト王権にとって磐余は特別な地域だったことを語るのかもしれない。

鳥見の霊畤

神武軍にとって最大の強敵だった長髄彦はどこにいたのか、はっきり書かれていない。ただ、『古事記』では「登美能那賀須泥毘古」と記し、トミにいたことをうかがわせる。

奈良市西部から大和郡山市にかけて流れる富雄川沿いの「トミ」の地もその伝承地のひとつだが、磐余の一角といえる桜井市外山《とび》が、神武東征伝承の物語の上では大和征圧のカナメとなった土地だったこともあり、地元では、金のトビにちなむ決戦場のトミの地と信じてきた。

神武伝承では、神武天皇は即位四年後に、「皇祖の神霊に感謝を申し上げたい」と、皇祖天つ神を祭る斎場を鳥見山の山中に建てたとする。「鳥見の霊畤《れいじ》」と呼ばれる。桜井市

「鳥見の霊畤《れいじ》」の石碑。鳥見山頂に建つ

の鳥見山にその伝承地がある。

九州との深い関わり

「神武東征」は架空の物語だったとしても、三輪山周辺地域に形成されたヤマト王権が九州地方と深い関わりをもつことは、さまざまな考古学的事実が物語る。

例えば、初期ヤマト王権のモニュメントといえる三輪山周辺地域の六基の巨大古墳をはじめ、古墳時代の大和・畿内の主要古墳は、鏡、玉、剣を副葬品の基本とするが、これは北九州地方の弥生時代の墳墓の副葬品と共通する。畿内の伝統を継承したものではない。後に、鏡、玉、剣は皇室の「三種の神器」となる。

こうした〝事実〟を根拠に、北九州から大和へ遷った政治勢力がやがて大和朝廷に成長していったという「東遷説」は、古くから多くの研究者によって提唱されてきた。なかでも邪馬台国東遷説は根強いものがある。

井上光貞氏（故人）はかつて、名著『日本の歴史1　神話から歴史へ』（中央公論社、70年）の中で、「わたしは、神武伝承はあくまで日本神話の一部であって、史実の外のものであるとおもう。北九州勢力の東遷が事実であっても、だから神武伝承はこれを核としてつくられたとはいいがたい。だが、考古学の事実から見て弥生後期に北九州の政治勢力が東に移動して畿内に勢力をかまえた可能性はきわめて濃厚である。天皇家をはじめ大和朝廷の豪族のなかには、大和の土着でなくて、こうして移ってきた人びとが多かったのではあるまいか」との見解を述べていた。

その井上氏は同著で、外山の地にある桜井茶臼山古墳についても触れている。「末永雅雄氏が『玉杖《ぎょくじょう》』と名づけた遺物が発見された。碧玉製で、ステッキの頭に飾りをつけたような形をしており、棒の部分には鉄棒を芯にしていた。これはほかの古墳では知られていない遺宝中の遺宝である。まさに帝王級の被葬者の権威を示すのにふさわしい物である」と紹介するとともに、副葬品を「北九州の弥生中期・後期の族長がもっていたものと基本的に同じである」と書いていた。

茶臼山古墳は、水銀朱を大量に用いた「赤の石室」を造り、鏡、玉、剣を副葬していた。鏡の埋納は八一面に上ることが二〇〇九年の再調査で明らかになった。貝製品を形どった鍬形石、車輪石、石釧の石製腕輪類三点セットも出土しているが、墳墓に水銀朱を使用す

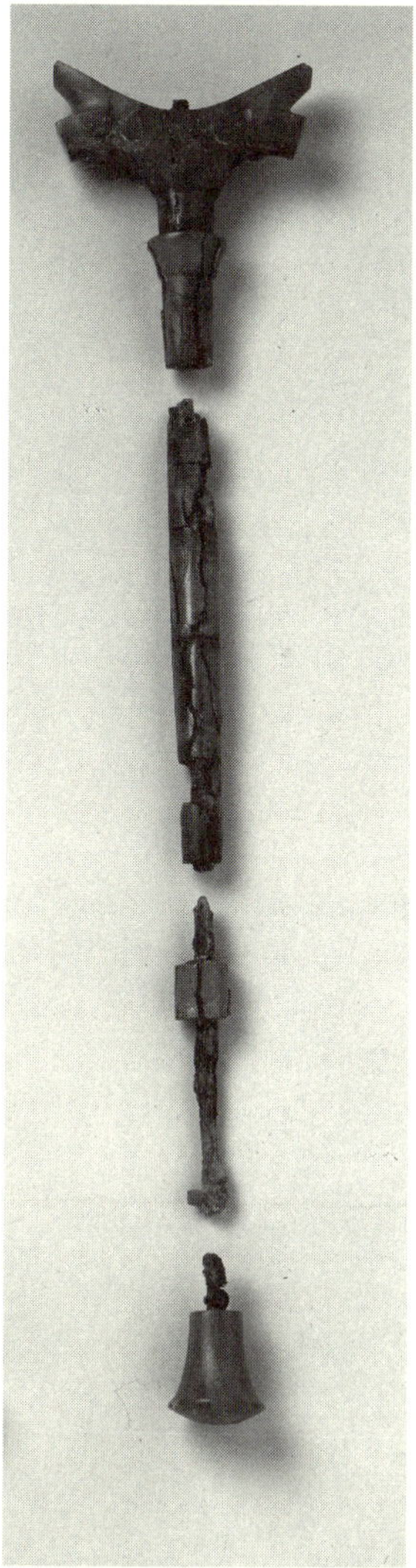

桜井茶臼山古墳出土の玉杖（橿原考古学研究所附属博物館提供）

ることや貝製腕輪類の副葬も、そもそもは北九州の弥生墳墓にみられる特徴だった。

さらに銅鏡は粉々に砕かれ、北九州の弥生時代の風習として特徴的な「破鏡」の可能性もいわれる。

茶臼山古墳の再調査がもたらした考古学的事実は、九州的要素を高めこそするが、薄めたり、根本的に否定するものではなかった。

鳥見山麓に宗像三神

茶臼山古墳の東二〇〇メートル程の桜井市外山《とび》字宮の谷に宗像《むなかた》神社がある。鳥見山のちょうど北側の麓にあたる。本来は鳥見山の中腹にあったという。『延喜式』神名帳は磯上《しきのかみ》郡に、宗像神社三座があったと伝える。外山の宗像神社がそれにあたり、福岡県にある宗像大社から三女神を勧請したものといわれる。

福岡県の宗像大社は、天照大神の子神であ

鳥見山のふもと、桜井市外山にある宗像神社

る三女神を祭る。三女神は、市杵島姫神《いちきしまひめ》、湍《たぎ》津姫神《つひめ》、田心姫神《たごころひめ》。うち、本社の市杵島姫神は全国の弁天様（弁財天）の総本宮とされる。湍津姫神は海を渡った大島にある中津宮に、田心姫神は玄界灘の真ん中にある沖ノ島の沖津宮に祭られている。沖ノ島は島全体が神の島とされ、古代の祭祀遺跡が多数存在、銅鏡、勾玉《まがたま》、鉄刀、鉄剣、馬具、土器類などの祭祀遺物十万点以上が出土、「海の正倉院」の異名をとる。世界遺産にも登録された。朝鮮半島との航路にあたり、航海の無事を祈ったらしい。

『延喜式』記載の磯上郡の宗像神社については、高市《たけち》皇子が神舎を修理した、との記録がある。高市皇子は、壬申《じんしん》の乱（六二七年）に勝利して律令国家体制を整えたあの天武《てんむ》天皇の長子だったが、母は筑前《ちくぜん》（福岡県）を本拠地とする宗像氏一族の胸形君徳善《むなかたきみとくぜん》の娘、尼《あま》子娘《こひめ》だったことによるらしい。

鳥見山になぜ宗像社があるのか、はっきりとは分からない。分からないが、鳥見や外山の地は、こんなところでも北九州とつながるのである。大王権の磐余は九州とつながる。

磐余の範囲

　磐余は、歴史的にも地理的にも三輪と飛鳥の中間に位置する重要地名だ。しかし、いわば「所を失った地名」。その場所は必ずしもはっきりしているわけではない。磐余の地に営まれたと伝える各宮居は、遺構の確認はおろか、その所在地が確定したものは一つもない。大津皇子《おおつのみこ》が刑死する前に詠んだと伝える「ももづたふ　磐余池に　鳴く鴨《かも》を　今日のみ見てや　雲隠れなむ」の辞世の歌の舞台であり、磐余のポイントである磐余池の所在地もはっきりしているわけではない。

池之内に稚桜神社

　磐余池があったあたりが磐余の中心部だったとみて間違いないだろうが、その磐余池はいまはない。所在地も分かっていない。ただ、最有力候補地は橿原市東池尻町付近。東西方向に細長い集落が乗る微高地を、戒外川をせき止める堤の跡とみなし、ダム式の池を想定する研究者は多い。一部の発掘調査で、土を交互に突き固めた版築層を掘りを出しており、堤跡であることが確認されている。

　すぐ東側が桜井市池之内、集落の真ん中の小丘上に稚桜《わかざくら》神社がある。祭神は出雲色男命（饒速日命《にぎはやひのみこと》三世の孫で物部長真膽連《ながまのいの》の祖とされる）

と去来穂別命《いざほわけのみこと》（履中天皇）と気長足姫命《おきながたらしひめのみこと》（神功皇后）。神社の名称や祭神からみても、付近

稚桜神社（桜井市池之内）

に履中《りちゅう》天皇の稚桜宮《わかざくらのみや》や神功皇后の稚桜宮（若桜宮）が存在したと古くから伝承してきたことが分かる。

継体《けいたい》天皇の玉穂宮《たまほのみや》と用明《ようめい》天皇の池辺双槻宮《いけのへのなみつきのみや》の有力な伝承地でもある。金本朝一氏の『磐余・多武峰の道』（昭和52年、綜文館）によると、稚桜神社の東北角より東へ三〇《メートル》ばかりの地下から昭和十年、「大樋管」が埋まっているのが発見された。磐余市磯池《いわれのいちしのいけ》の水樋だといわれ、この「大樋管」の南方に市磯池があったと考えられている――とする。その通りだとすると、市磯池と磐余池は東西に並んでいたことになる。

また同書によると稚桜神社のある小字は「宮地」であり、南接地には「向い山」、「天王山」などの小字があり、付近が双槻宮の故

地と考えられる、という。さらに、稚桜神社の西南二―三〇〇メートルに土地の人々が「おやしき」と呼んでいる小高い丘があり、継体天皇の磐余玉穂宮跡とみる。また、この玉穂宮は磐余池をはさんで、清寧《せいねい》天皇の磐余甕栗宮《いわれのみかぐりのみや》の在った橿原市西池尻町の御厨子神社と向かい合っていた、と推測する。

　伝承や推測が正しければ、付近は磐余の中の磐余、磐余の中核といえるだろう。ただ、版築で築かれていた堤遺構とその上に建つ掘立柱建物遺構以外に、王都の存在を実証するような発掘成果はいまのところない。

谷には若桜神社

桜井市街地のすぐ南、桜井市谷の若桜神社

若桜神社㊤。境内にある「桜の井」㊦（桜井市谷）

付近も磐余の中心だった可能性が高いと目される。若桜神社は、若桜部朝臣や阿部朝臣の祖神とされる伊波俄加利命《いわがかりのみこと》を祭神とする。履中天皇が賞美したと伝える「桜の井」があり、これが「桜井」の地名のもととなった、という。いま、井戸は神社の第一鳥居のかたわらに復元されている。

若桜神社から道路をはさんで東側に東光寺山という樹林に覆われた小高い山がある。山頂に東光寺という寺院があった。金本氏の『磐余・多武峰の道』によると、磐余堂あるいは桜井寺とも号し、石根山《いわれやま》薬師寺とも称した、という。同書はまた、寺山自体が磐余山、あるいは石寸《いわれ》山と呼ばれた可能性も指摘する。

戒重には他田宮

敏達天皇の訳語田幸玉宮があった可能性が高いとされる桜井市戒重の春日神社付近も磐余の重要ポイントだったらしい。春日神社は他田《おさだ》宮とも呼ばれ、『延喜式』に載る大社の他田坐天照御魂《おさだにいますあまてらすのみたま》神社にあたるともされる。

天武天皇の死の直後、謀反の疑いをかけられて捕らえられた大津皇子は訳語田の舎《いえ》で死を賜ったと伝える。大津皇子の邸宅は、敏達天皇の幸玉宮を継承する形で設けられていたのだろうか。金本氏の『磐余・多武峰の道』によると、戒重は開住、開地の別名もある。中世の戒重城は、南朝の忠臣、三輪西阿の居域だった。元和四年(一六一八)、織田有楽斎の四男織田長政が旧城地を接取して陣屋を置いたが、後に第七代輔宣《すけのぶ》が陣屋を芝村(桜井市芝）に移して芝村藩となった。

戒重の地は、上ツ道と横大路が交差、南に山田道が延びる交通の要衝にあたる。横大路は戒重を過ぎて東国へ通じる初瀬街道となる。

実はこの交通の要衝に交差するように寺川が東から西に流れる。もし古代の寺川が、大和平野各地や難波の港へ通じる運河的機能をもっていたとするならば、戒重付近は大和平野東南部きっての水陸の交通の拠点となる。山田道を通じて飛鳥へも程近い。このことは改めて「海《つ》石榴《ば》市《いち》は磐余にあった」編で詳しく述べてみたいが、磐余が王権にとって重要な地てあったことのいちばんの根拠だったのかもしれない。

横大路の痕跡とされる旧初瀬街道（桜井市戒重）

桜井市戒重の「幸玉橋」付近を流れる寺川

神武東征ゆかりの鳥見（外山）

鳥見《とみ》山、等弥《とみ》神社、桜井茶臼山古墳がある桜井市外山《とび》付近も磐余の一角である。

鳥見山は標高二四五メートル。大和川本流の初瀬川をはさんで、三輪山（四六七メートル）と向かい合う。鳥見山の西麓には等弥神社がある。もともと鳥見山中にあったのを平安時代に西麓へ移動したとの伝承がある。境内は、神武天皇が祭りを行ったという「鳥見の霊時《れいじ》」の伝承地でもある。

十二月四日、皇軍はついに長髄彦《ながすねひこ》と交戦した。戦いは長引き、決定的勝利を得ないでいた。すると突然、かき曇り、雹《ひょう》が降ってきた。金色の霊鵄《れいし》が飛んできて、天皇の弓の弭《はず》にとまった。鵄《とび》は稲妻のように光り輝き、長髄彦の

等弥神社（桜井市桜井）

兵はみな、目がくらんで戦うことができなくなった。

〈巻第三・神武天皇〉

『日本書紀』の「神武東征」のクライマックスシーンである。九州の日向から大和を目指した東征軍は、紀伊半島を熊野にう回して、八咫烏《やたがらす》の案内で吉野山中を菟田《うだ》（宇陀）に進軍、ここに駐屯して眼下の大和平野に陣取る「賊軍」と戦った。

まず、磯城邑《しきのむら》や磐余邑《いわれのむら》に充満していた兄磯城《えしき》の軍を討ち、次いで、高尾張邑《たかおはりのむら》（葛城邑《かづらきのむら》）にいた赤銅《あかがね》の八十梟帥《やそたける》を討ち、最後に残った長髄彦《ながすねひこ》を討った。長髄彦との戦いは苦戦を強いられたが、最後、金の鵄《とび》のお陰で勝利する。

神武軍は、この勝利によって大和を征圧、畝傍山の東南の橿原宮で初代天皇として即位するのである。

初代天皇、日本の始祖王の名は神日本磐余彦《かむやまといわれびこ》（『古事記』では神倭伊波礼毘古）。なぜか「イワレビコ」、「イワレの男」なのである。

長髄彦は大和最強の在地勢力として描かれている。大和で櫛玉饒速日命《くしたまにぎはやひのみこと》に仕えていた、とする。天磐船《あまのいわふね》に乗って大和に天降ったという饒速日《にぎはやひ》の情報は、日向を出発する前の神武軍にもたらされていたようにも書く。

瀬戸内海を東進してきた神武軍は、当初、大阪湾から胆駒山《いこま》（生駒山）を越えて大和に入ろうとしたが、孔舎衛坂《くさえのさか》（伝承地は東大阪市の日下《くさか》）の戦いで長髄彦のために進軍に阻まれ、熊野へのう回を余儀なくされた。恨みの募る宿敵でもあったのだ。

長髄彦はどこにいたか、はっきり書かれていない。しかし、『古事記』では「登美能那賀須泥毘古《とみのながすねびこ》」と記し、トミの地にいたことをうかがわせる。

　奈良市西部から大和郡山市にかけて流れる富雄川沿いの「トミ」の地もその伝承地のひとつ。生駒山にもほど近く、長髄彦が仕えていたという饒速日を祭神とする神社が、その富雄川が大和平野に流れ出る位置に、川をはさんで二社ある。ひとつは、奈良市石木町、富雄川左岸の「白座山《しらにわやま》」に鎮座する登弥《とみ》神社。あと一つは、西南二キロ、大和郡山市矢田にある矢田坐久志玉比古《やたにいますくしたまひこ》神社。登弥、鳥見、富雄、登美ケ丘など、奈良市西郊に点在するトミがらみの地名もみな、神武伝承に由来する。

白庭台（生駒市上町）にある
「長髄彦本拠」の碑

　一方、桜井市外山も、神武東征伝承の物語の上では大和征圧のカナメとなった土地だった。地元では、神武軍が決定的勝利を収めることになった金のトビにちなむ、決戦場の「トミ」の地と信じてきた。

もっと広かった磐余の地

外山（鳥見）の地から西、阿倍丘陵、さらに橿原市の香久山あたりまで、竜門山塊の北麓にあたる地が普通、磐余の範囲といわれている。

ただ、私は、磐余の地はもっと広かったのではないか、と考えている。竜門山塊の多武峰《とうのみね》の谷から流れ出る寺川がつくった舌状台地全体をいうのではないかと考えている。竜門山塊の「磐《いわ》が余《あま》れし所」、つまり堅い土地なのではないかと考えている。

その範囲は、桜井市西部、橿原市北部から磯城郡の田原本町、さらに三宅町へ及ぶ。大和川の二つの本流といえる初瀬《はせ》川と曽我《そが》川にはさまれた細長い半島のような舌状台地（微高地）で、唐古《からこ》・鍵《かぎ》遺跡（田原本町）、孝霊《こうれい》天皇の黒田盧戸宮《くろだのいおりど》伝承地（田原本町黒田付近）、太子道（筋違道《すじかいみち》）、石見《いわみ》遺跡（三宅町）、などもみなこの舌状の微高地の上に乗る。

ついでに言うなら、この舌状台地の大部分は古代の十市《とおち》郡にあたるか、十市の「十」は薹《とう》＝くたちのことで、細長い微高地を固い花茎に見立てて名付けた地名ではないか、と秘かに思っている。

なお、「曽我川」は「スガ川」ではないかと考えている。漢字で書けば「菅川」。「菅」はスゲのことである。スゲは茎が空洞になっていて水をよく通す。曽我川は大和平野南部を南から北へ貫通する川であることから、「スゲのような川」と名付けられたのかもしれない。「スゲ川」が「ソガ川」に転訛したので

磐余の範囲

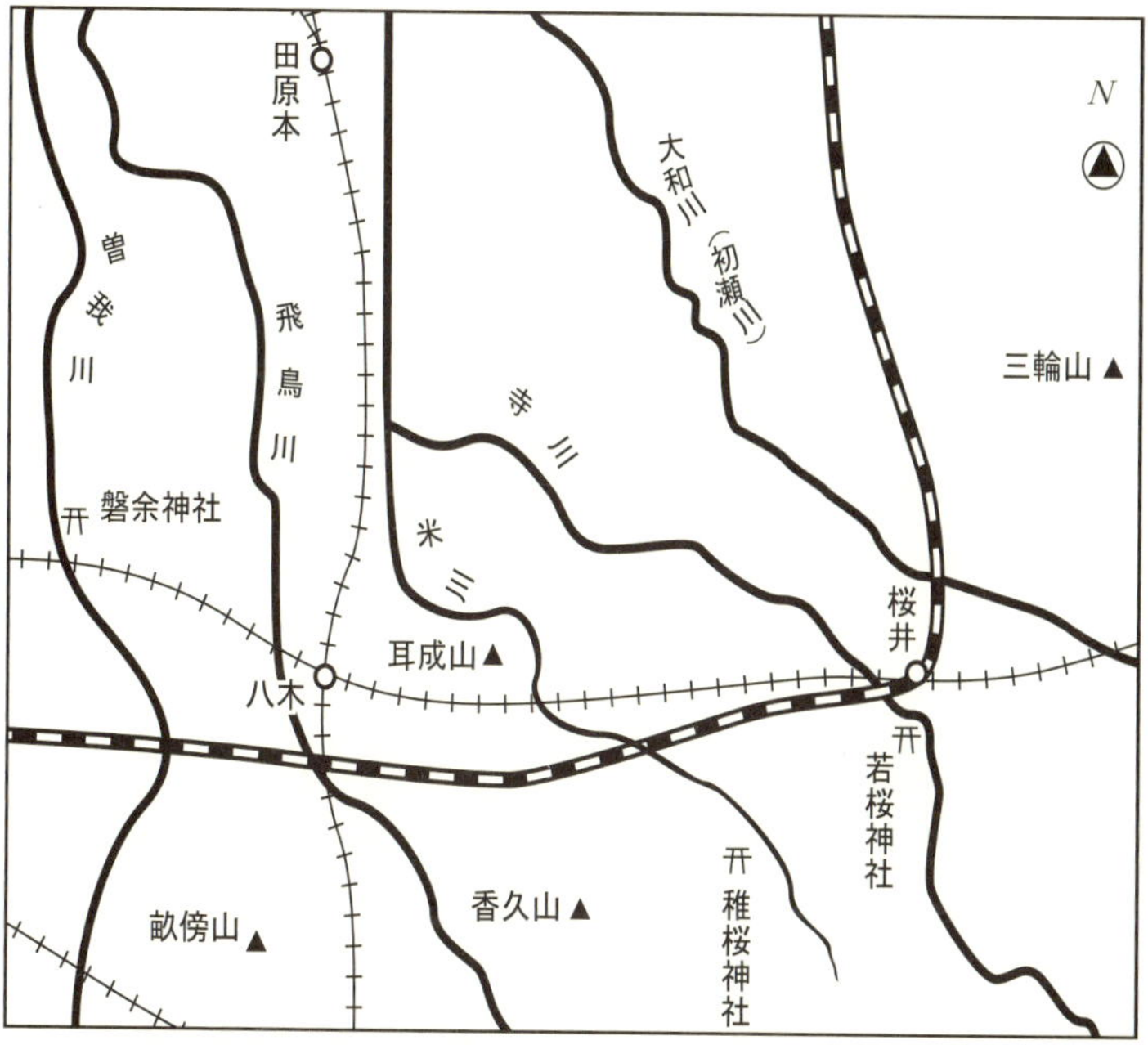

磐余の範囲はもっと広かったことが推測される。曽我川のたもとにも磐余神社がある

はなかろうか。蘇我氏と関連付けて考えるより説得力があるのではないか。

曽我川のたもとに磐余神社

普通にいわれる磐余の地から遠く離れた橿原市中曽司町の曽我川のたもとに磐余神社がある。なぜ、ポツンと存在するのか。古くから不思議がられてきた。しかし、磐余の範囲は広く、西は曽我川まで達していたと考えると、磐余神社が中曽司町の曽我川のたもとにあることもよく理解できる。中曽司町は地盤がしっかりした「磐が余れし」土地にあったのだ。

『万葉集』に次のような挽歌（三―三二四）がある。

…麻裳《あさも》よし　城於道《きのへのみち》ゆ　角《つの》さはふ　石村《いわれ》を見つつ　神葬《かみはふ》り奉《まつ》れば　往く道の　たづきを知らに　思へども…

またその反歌に、「角《つの》さはふ　石村《いわれ》の山に　白栲《しろたへ》に　懸れる雲は　わが大君かも」とある。

天武天皇の長子で、壬申の乱（六七二年）で華々しく活躍した高市皇子への挽歌と考えられている。

高市皇子は持統《じとう》十年（六九六）七月十日、死去した。四十三歳だった。葬列は香久山の麓の邸宅から「百済の原」を通り、城上《きのへ》の殯宮へ向かったことが柿本人麻呂の挽歌などから想定されている。

通説では、「城上」は、かつての広瀬郡、いまの広陵町付近とされてきた。「百済の原」も広陵町百済付近と推測されてきた。

ただ、百済の原は香久山西方地域、城上は明日香村大字飛鳥の小字「木部《きべ》」付近とする和田萃説など、その所在地をめぐって諸説が入り乱れる。

城上の殯宮へ通じていたらしい「城於道《きのへのみち》」は、城上を通説のように広陵町付近と考えると、横大路から北へ向かう道として無理なく解釈できる。

実は、その道から「石村《いわれ》」が見えるのである。「石村」とは、橿原市中曽司町にある磐余神社付近のことだったのではなかろうか。

なお、私は、城上の地は大和平野南部の諸河川が寄り集まっていた橿原市飯高・小槻町付近、いまの曽我川右岸に当たる地だったと

橿原市曽我町にある磐余神社

みている〈詳細は『斉明女帝と狂心渠（たぶれごころのみぞ）』（青垣出版）をご覧ください〉。そこは、諸河川が寄り集まるところ、「王城の地・ヤマト」の西北辺だった。寄り集まった川（広瀬の川）を下れば、河内湖から大阪湾、瀬戸内海に出て、大陸に通じていた。逆に言えば、大和川を逆上って王城の地に入るちょうど入り口にあたった。

城於道は、王城の地の突端に向かって、王城の地の西端を北へまっすぐ進む道だったのではないだろうか。左手（あるいは右手）に、曽我川にまるで角を突き出したような「角さはふ石村」のひときわ堅い土地があったのではなかろうか。「王城の地」は、「大和」であり、また「磐余」にほかならない。

推論 海石榴市は磐余にあった

歌垣の海石榴市

古代の市で最も有名なのは海石榴市《つばきいち》である。海石榴市では歌垣《うたがき》が行われた、と伝える。歌を掛け合い、踊って遊ぶ青年男女の集い。公然と認められた異性ハントの場でもあった。

紫《むらさき》は灰《かい》指すものと海石榴市の
八十《やそ》のちまたに逢へる児や誰《たれ》

『万葉集』にも、歌垣で詠まれたらしい歌が見える。「四方八方に街路が通じる海石榴市で見かけたあなたは誰ですか」と、女性に名前を問いかけている。女性が名を明かせば、男の求愛に応じることになる。

たらちねの母が呼ぶ名を申さめど
路《みち》行く人を誰と知りてか

「母なら答えるが行きずりの男の人には答えられません」と、軽くいなす。相手に気を持たせる拒絶との解釈もある。海石榴市を舞台に織りなされた男女の微妙な心の綾をいまに伝える。

武烈《ぶれつ》天皇と平群の物部麁鹿火《もののべのあらかひ》の娘、影媛《かげひめ》の

見合いの場も海石榴市だった。武烈は、歌の掛け合いで影媛が平群鮪《へぐりのしび》と恋仲であることを知る。当時、鮪の父、真鳥《まとり》は王権をしのぐ権力者で、国政を欲しいままにしていた。武烈はただちに軍を発し、鮪を那羅山《ならやま》で殺す。

影媛は那羅山に駆けつけた。鮪の殺されるところを目撃した。驚き恐れ、泣き叫んだと伝える。影媛は物部氏の娘だったので、布留の石上《いそのかみ》神宮付近に住んでいたことが推測される。平群鮪が殺された那羅山は、奈良県と京都府の境の奈良山丘陵付近と考えていい。影媛は、布留から北へ向かって、山の辺の道をひた走ったのである。

石上《いそのかみ》　布留《ふる》過ぎて　薦枕《こもまくら》　高橋過ぎ
物多《ものさは》に　大宅《おおやけ》過ぎ　春日《はるひ》　春日《かすが》過ぎ
妻隠《つまご》る　小佐保《をさほ》を過ぎ
玉笥《たまけ》には　飯《いひ》さへ盛り
玉盌《たまもひ》に　水さへ盛り
泣き沾《そぼ》行くも　影媛《かげひめ》あはれ

〈巻第十六・武烈天皇即位前紀〉

「黒媛あはれ」の歌をいまにのこす。山の辺の道の北コースの重要地名を知ることができることでも貴重である。

海石榴市はどこに

海石榴市の所在地ははっきり分かっているわけではない。従来説では三輪山の南麓、桜井市金屋の大和川（初瀬川）右岸が最有力だった。大和川本流の初瀬川が初瀬谷から大和盆地に出たところ。初瀬川沿いに初瀬谷をさか上れば、伊賀を経て東海、北陸など東国へ通じる。確かに交通の要衝なのだが、すんなりと、にぎわった海石榴市の跡とするのには疑問がある。

というのは、金屋付近は山の辺の道の南の起点とされ、いまも山の辺の道を北へ向かうハイカーらはまず金屋を目指す。いまのハイキング道路もそうだが、山の辺の道は曲がりくねっていて、坂道も多い。古墳時代はじめごろまではさておき、直線道路のいわゆる官道が整備されるにつれ、大和盆地東部の南北幹線道路は上ツ道に移ったはずである。

上ツ道は、中ツ道、下ツ道とともに大和平野を南北に結んだ官道として有名。中世以降、上街道となり近代まで大和盆地の南北幹線道路であり続けた。その上ツ道は横大路と

三輪山ふもとの海石榴市伝承地。公園化されている（桜井市金屋）

交差して、南側は山田道に連なっていた。山田道はカーブして飛鳥に入り、飛鳥を東西に横断、いまの橿原市の近鉄橿原神宮前駅東側付近で下ツ道（いまの国道169号）と交差していた。

横大路は、西へ行けば藤原京を経て当麻に通じ、竹内越えや逢坂越えで河内に通じ、難波大道や堺の港に通じていた。東へ向かえば初瀬谷を経て伊賀から東国に通じていた。

桜井市金屋の海石榴市推定地は推定上ツ道から一・三キロ程も東にはずれている。推定横大路からは北に二キロ程ずれている。この点が大きな疑問なのである。

というのは、古代の市は交通の要衝、衢《ちまた》と呼ばれる幹線道路の交差するところにあったと推定されるからだ。

例えば、下ツ道と山田道の交差するところには軽市《かるのいち》があった。先にも述べたが、近鉄橿原神宮前駅の東方、国道169号と明日香村方面へ向かう東西方向の県道の交差するあたりにあった、といわれる。畝傍《うねび》山を西に見て南北に一直線に走る国道169号は、古代官道の下ツ道とほぼ重なることが、発掘調査でも確認されている。一方、明日香村に通じる東西方向の県道は古代の幹線道路だった山田道の痕跡といわれる。軽市は、下ツ道と山田道の交差点付近に形成された市だった。

下ツ道は、交差点の南約三〇〇メートルで見瀬丸山古墳に突き当たるが、古道は同古墳の西側を迂回して、さらに南方に延びていた。高取町から巨勢《こせ》谷（御所市）、五條市を経て紀ノ川沿いに和歌山方面へ通じていた紀路《きじ》だった。

これも七世紀には確実に存在した古代幹線道路の一つ。軽市は、北や東ばかりでなく、南にも通じる交通の要衝に立地していたのだった。

推古《すいこ》紀に、欽明《きんめい》天皇の妃、堅塩媛《きたしひめ》を桧隈大《ひのくまのおお》陵《みさぎ》に合葬する際、軽街《かるのちまた》で誄《しのびごと》（死者の霊に弔辞を述べる儀式）をした、との記事があるが、「ちまた」とは「道の分かれるところ」で、繁華な場所をも意味する。交通の要衝に市《いち》が立ち、街が形成される現象は、昔も変わらなかったらしい。竜田道と上ツ道が交差した天理市櫟本《いちのもと》町にあった石上衢《いそのかみのちまた》などもよく知られるところ。

古代大和の官道

上ツ道、中ツ道、下ツ道は、大和平野を南北に貫いていた古代官道。『日本書紀』の壬申の乱（六七二年）の叙述に登場、この時期に機能していたことがはっきり分かる。

大海人皇子軍は、軍を三つに分け、上道《かみつみち》、中道《なかつみち》、下道《しもつみち》に配した。中道を引き受けた大《おお》伴吹負《とものふけい》は、村屋《むらや》（田原本町の村屋神社付近）で廬井造鯨《いおいのみやつこくじら》の近江軍と激しく戦った。上道の守りにあたった三輪君高市麻呂は箸陵《はしのはか》（桜井市箸墓《はしはか》）付近で近江軍を大破、勢いに乗じて村屋の吹負軍に加勢、七月二十二日、大和からすべての近江軍を撃退した。

〈巻第二十八・天武天皇〉

相前後して、斑鳩《いかるが》と飛鳥を結んだ筋違道《すじかいみち》（太子道《たいしみち》）、平野南部を東西に横断、竹内街道などを経て難波に通じていた横大路《よこおおじ》、桜井市の横大路から阿部《あべ》丘陵、飛鳥盆地を経て下ツ道につなぐ山田道《やまだみち》、天理市櫟本《いちのもと》付近から斑鳩を経て亀ノ瀬から難波に抜けた竜田道《たつたみち》なども整備されたらしい。

　藤原京は、中ツ道、下ツ道を東西の京極とし、北を横大路、南を山田道で画していた、との説を提唱したのは岸俊男氏。最近、この範囲の外側から藤原京時代の条坊道路遺構が数多く検出され、藤原京の範囲はもっと広かったことが明らかになってきているが、藤原京の条坊区画がこれらの幹線道路と密接な関係があったことは疑えない。

　下ツ道を北へ延長すると平城京のメインストリートである朱雀大路《すざくおおじ》と重なり、中ツ道の延長は平城京の東京極とほぼ一致することも

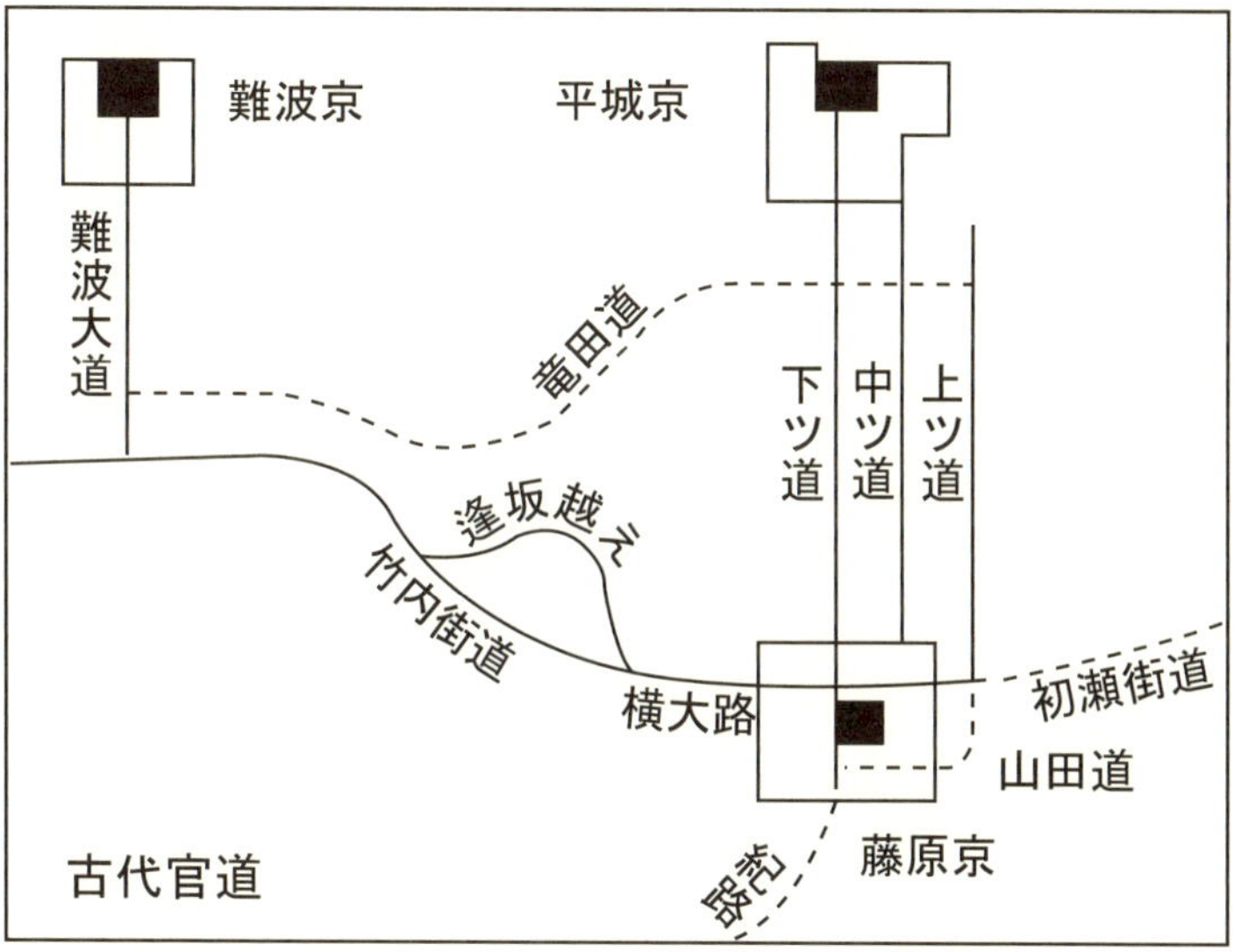

知られる。両道は平城京造営の基準ともなった。

大和平野の真ん中を南北に縦断する下ツ道は、幅二〇メートル前後ある大路だったらしい。平城宮跡、大和郡山市の稗田《ひえだ》・若槻遺跡、橿原市内など数カ所で遺構が検出されている。

中ツ道は、橿原市出合町付近で遺構が検出されている。飛鳥寺の外郭西辺道路が中ツ道の延長線と一致することから、飛鳥の各王宮や施設の造営の基準線となったのではないか、と推定されてきたが、飛鳥盆地内からは中ツ道そのものの遺構は発見されていない。

上ツ道もいまのところ明確な遺構は出ていないが、三官道とも地上にくっきり痕跡を残す。中近世、上ツ道は上《かみ》街道、中ツ道は橘《たちばな》街道、下ツ道は中《なか》街道として、大和の南北幹線としての役割を果たし続けた。奈良県のメインストリート、国道24号も京奈和自動車道も、いまに残る下ツ道といえなくもない。

海石榴市は上ツ道と横大路の交差点にあった？

海石榴市は古代官道の上ツ道と横大路が交差するところに在ったと考えればどうだろう。そこは桜井市戒重である。問題は水運だが、春日神社の東側で寺川が北流し、やがて西北に流れを変え粟原川と合流する。春日神社付近の高燥地を取り巻くような地形を呈し、北流する寺川は、水を湛えればまるで港の施設のようなたたずまいをいまに伝える。驚くばかりの光景である。

戒重集落を取り巻くように流れる寺川。整形された流路を残す。海石榴市の港施設の名残か？（桜井市戒重）

戒重付近が海石榴市ならば、寺川の水運輸送の重要性を根本的に見直さなければならない。

推古十六年（六〇八）の夏四月、前年七月から隋に遣わしていた遣隋使の小野妹子《おののいもこ》が帰国した。いっしょに隋の答礼使、裴世清《はいせいせい》と随行員十二人が妹子とともに来日した。一行は六月に難波津《なにわのつ》（大阪府）に上陸、飾り船三〇艘を仕立てて一行を迎えた。しばらく新築した難波の館《むつろみ》に滞在したらしい。八月三日になって、飛鳥へ入京、小墾田宮の推古天皇に面会して、隋の皇帝・煬帝《ようだい》の国書を手渡すことになった。

裴世清一行は大和川を船で上ってきたらしい。朝廷は、海石榴市《つばきいち》の路上に飾馬七五匹を遣わして、一行をにぎにぎしく出迎えた。山田道を通って飛鳥京へ入ったらしい。
海石榴市が桜井市金屋付近なら、裴世清一

桜井駅西方にある八幡神社。売立神社ともいわれ、海石榴市との関連をにおわせる（桜井市川合）

行は大和川（初瀬川）を上ってきたと推定できる。ところが、海石榴市が桜井市戒重付近にあったとすると、一行は寺川を上ってきたことになる。飾馬七五匹を並べてにぎにぎしく迎えた海石榴市の路上は、戒重付近の上ツ道・横大路交差点付近と推定した方が似つかわしい。

まっすぐな下ツ道運河

寺川は戒重付近からほぼ西北西に流れる。五キロ程行くと橿原市西新堂町付近で米川と合流、まっすぐ北へ流れる。まっすぐな流れは田原本町今里付近まで四キロ近くに及ぶ。この米川合流点から田原本町にかけてのまっすぐな流れは、実は下ツ道に沿う流れなのである。下ツ道の側溝を兼ね、運河の機能をもった流れの遺構にあたると考えられる。
橿原考古学研究所が二〇一二年に実施した大和郡山市の稗田・若槻遺跡の発掘調査では、奈良時代の下ツ道遺構がくっきり掘り出された。東側の側溝は幅一一メートル、運河と呼ぶにふさわしい規模だった。

橿原市から田原本町まで約４キロにわたってほぼまっすぐに北流する寺川。下ツ道側溝運河の痕跡か。

大和盆地の古代のメインストリートといえる下ツ道には掘削された運河が並行していた。裴世清一行もこの下ツ道運河を船で上ってきたのではなかろうか。青垣に囲まれた大和盆地の真ん中を白い帆かけ船が滑るように行く光景が目に浮かぶ。

海石榴市と推定する桜井市戒重と大和川が亀の瀬から河内平野に流れ出る手前の王寺町付近の標高差は三〇メートル余りあるが、井堰や仕掛けで水位を調整すれば案外簡単に船は上ったり、下ったりできたのではなかろうか。

天理砂岩を運んだ狂心渠

『日本書紀』には、斉明天皇二年のこととして次のような記事がみえる。

　飛鳥の岡本の地をあらためて宮地とした。宮室が建ち、後飛鳥岡本《のちのあすかのおかもと》宮と名付けた。田《た》身嶺《むのみね》（多武峰）の頂に垣をめぐらせ、嶺の上の二本の槻《つき》の木のそばに観《たかどの》を建てた。両槻宮《ふたつきのみや》と名付けた。天宮《あまつみや》ともいった。天皇は興事を好まれた。水工《みずたくみ》に命じて香山《かぐやま》の西から石上山まで渠《みぞ》を掘らせた。舟二百隻に石上山からの石を載せ、流れに従って引き、宮の東山に積み重ねて垣とした。時の人々は「狂心渠《たぶれごころのみぞ》に費やされる人夫は三万余、垣を造るのに費やされる人夫は七万余。宮殿の用材は朽ち、山は埋もれるだろう」と謗《そし》った。また、「石の山上は作るはしから崩れるだろう」と謗る者もあった。

〈巻第二十六・斉明天皇〉

　謎の石造物として名高い酒船石《さかふねいし》がある、明日香村岡の酒船石遺跡。平成四年に砂岩の切石を積み上げた石垣列が見つかった。以後、約一〇年にわたって調査が実施されたところ、石垣は丘陵の西側斜面に四段に築成され、中腹では、延長七〇〇メートルに及び、丘陵をぐるりと取り巻くように築造されていたことが分かった。

　酒船石遺跡の丘陵は、飛鳥京跡の東側にある。斉明朝の後飛鳥岡本《のちのあすかのおかもと》宮もこの飛鳥京跡内にあったと考えられていることから「石を累《かさ》ねて垣となした」と斉明紀が伝える「宮東山」はこの酒船石遺跡の丘陵だったとみられる。

石垣に用いられた石材は、石材の産地に詳しい奥田尚氏の鑑定で天理砂岩と断定された。天理砂岩は豊田石とも呼ばれ、天理市街地の北方の丘陵、豊田山（石上山）からだけ産出する石だった。

平成十二年、酒船石丘陵の北端のすそ野から、花崗岩製の亀形石造物と小判形石造物が発見された。「新亀石」の発見として飛鳥ファンらを驚かせた。酒船石北方遺跡と名付けられた。

斉明朝の祭祀遺跡とみられる酒船石北方遺跡。
亀形石造物への導水する湧水施設も天理砂岩で
造られていた（明日香村教育委員会提供）

亀形石造物と小判形石造物は水槽として用いられていたらしい。二つの石造物に水を注ぐための湧水施設も出土した。その湧水施設は、酒船石遺跡の石垣の石材と同じ石、つまり天理砂岩の切石を積み重ねて造っていた。

石造物周辺に天理砂岩を敷きつめていた時期もあったことが分かった。

　二つの遺跡は斉明朝に造られたものとみられている。酒船石遺跡の石垣は、斉明女帝が宮の東に造った「石の山丘」であり、酒船石北方遺跡の導水施設は斉明女帝が「聖水」を用いて行った何らかの祭祀跡との見方が有力。二つの遺跡で用いられていた天理砂岩が、斉明紀にみえる「狂心渠を舟二百隻で運んだ石上山の石」に当たるとみられるからである。

　石上山の石＝天理砂岩を運ぶために掘られたと伝える狂心渠はどこにあったのだろうか。古くから多くの研究者によって論じられ、推理が行われてきた。

　和田萃氏や木下正史氏は、香久山の西から明日香村に通じるルートを推定した。林部均氏は、橿原考古学研究所時代に調査した、飛鳥坐神社西南の飛鳥東垣内遺跡から検出された幅約一〇メートル、深さ約三メートルの素掘り溝の遺構を狂心渠の一部とみる。

　書紀では「使水工穿渠　自香山西　至石上山（水工をして渠《みぞ》穿《ほ》らしむ。香山《かぐやま》西より石上山に至る）」としている。これをすなおに読めば、香久山西方から天理市の石上山まで渠を掘ったことになる。延長約一五キロ、大和平野南部を斜めに縦断する大運河である。

　ルートはさまざまに推理できる。例えば、橿原市も天理市も、中心市街地は標高六〇メートルの等高線上に形成されていることから、もし、標高六〇メートルをたどって渠を掘ると、どちらの方向にも水が流れない、逆にいえばどちらの方向にも水が流せる運河が、橿原—天理間に掘れることになる。

このほか、先に述べた寺川・下ツ道側溝ルート、中ツ道側溝ルートなども当然考えられる。ただ、狂心渠の候補ルートは、いくつも推定できるが、その推定ルートはあくまで可能性。確定的な痕跡も、発掘成果もあるわけではない。ただ、自然の河川や湖沼や低湿地をうまく活用すれば、比較的容易に、舟の航行が可能な運河を掘削できたのではなかろうか。

大和川の河川改修事業

大和川は暴れ川だった。大和平野の自然河川は大雨のたびに氾濫を繰り返し、気ままに流路を変えた。発掘調査でも、埋まってしまった古い流路＝旧河道がたびたび検出される。自然河川は、大きく蛇行したり、川幅（河川敷）がとてつもなく広かったり、沼沢地が広がっていたり、手付かずの自然堤防が連なっていたりしたものと推測できる。

そうした河川に人工堤防を築いて流路を固定する改修を行えば、氾濫を防げるばかりでなく広い耕作地を確保でき、灌漑用水の取水にも活用できたはずである。暴れ川の治水・灌漑事業こそ、人々の安全な暮らしと一番の生産手段である水田を開拓する重大事業だった。

みごとなまでに美しく整備された大和平野の条里制の完成は奈良時代まで下るとの見方が大勢だが、施工開始の時期には諸説がある。古墳時代中期ごろ、場合によっては前期まで溯るとの見解もある。いずれにしても一朝一夕で行えるような事業ではなかっただろう。

大和平野の河川改修や条里制施工は国家的事業。全国に先駆けたモデル事業だったのだろう。国家の威信をかけた都づくりでもあった。全国から労働力を徴集して進められたとみられる。

そうした大和平野の大改造プロジェクトが大化改新後の斉明朝あたりにピークを迎え、大土木工事の連続が「狂心渠」と非難を呼んだ、と考えるのが、最も〝学問的〟なのではなかろうか。石を運ぶために渠を掘ったのではなく、石上山の石をを運んだのは、改造プロジェクトの副産物に過ぎなかったのではな

耳成川北方を流れる寺川（橿原市竹田町）

いだろうか。「狂心」で掘られた渠などなかったのではなかろうか。あくまで「正気」で取り組んだ国家事業だったのではなかろうか。

寺川―下ツ道側溝が大和平野一番の水運路の役割を果たした運河だった可能性は大いにあると考える。海石榴市所在地の可能性を推定する桜井市戒重付近から西北西に流れる寺川はいま、桜井市内から橿原市内に入り耳成山の北方を米川合流点に向かって流れる。しかし、耳成山北方はしっかりした台地状地形で、この台地を東から西に突っ切る流れはいかにも不自然。人工の掘削流路であることは、いまでもはっきり分かる。いわゆる渠《みぞ》なのである。これこそ斉明朝の「狂心渠」だったのかもしれない。

立石堰

寺川が多武峰の谷から平地に出る直前、桜井市上之宮に立石堰という井堰がある。コンクリートで固めた立派な井堰である。

「立石堰改築記念」という大きな石碑が建っている。「上之宮　谷　河西　三大字共有堰」の説明があり、「昭和十九年三月建立」とある。

立石堰は、いまも継続する桜井市の上之宮、谷、河西の三カ大字に導水するための共有堰で、三カ大字によって昭和十九年に改築されたことを示す石碑なのだ。

しかし、この立石堰をよく観察してみれば何かおかしいことに気付く。立石堰には三カ大字方面へ取水する水路は見当たらない。寺川の本流自体が三カ大字の方に向かって流れているのだ。導水路など要らないのだ。三カ大字を通って桜井市街地へ流れ込んでいるのである。寺川は三カ大字への取水はそれぞれ下流で行っている。

立石堰改築記念の碑

コンクリート造りの立石堰は、寺川の本流から取水する施設に違いないのだが、取水した水は桜井市高田、生田《おいだ》、阿部など北西方向へ流れる仕掛けになっている。その取水路は幅二メートルばかり。

同井堰には、渇水時に一定の比率によって分水する施設が、コンクリートによって頑丈に、また丁寧に造られている。その分水比率をみると、北西方向の高田、生田、阿部方面への分水量と本流へ流れ込む水量とはほとんど変わらないように造られているように見える。驚くべきことに、渇水時には、本流の量に変わらない水量が高田、生

㊤コンクリートで頑丈に造った立石堰
㊦高田・生田・阿部方面への分水路
（桜井市上之宮）

田、阿部方面へ分水されるように造っているのである。しかも、本流への流れ込みが削られる側の上之宮、谷、河西の三カ大字が、この渇水時の分水井堰を造成しているのだ。当然、費用負担も三カ大字が行ってきたのだろう。

増水時の余った水は全部本流に流れ込む

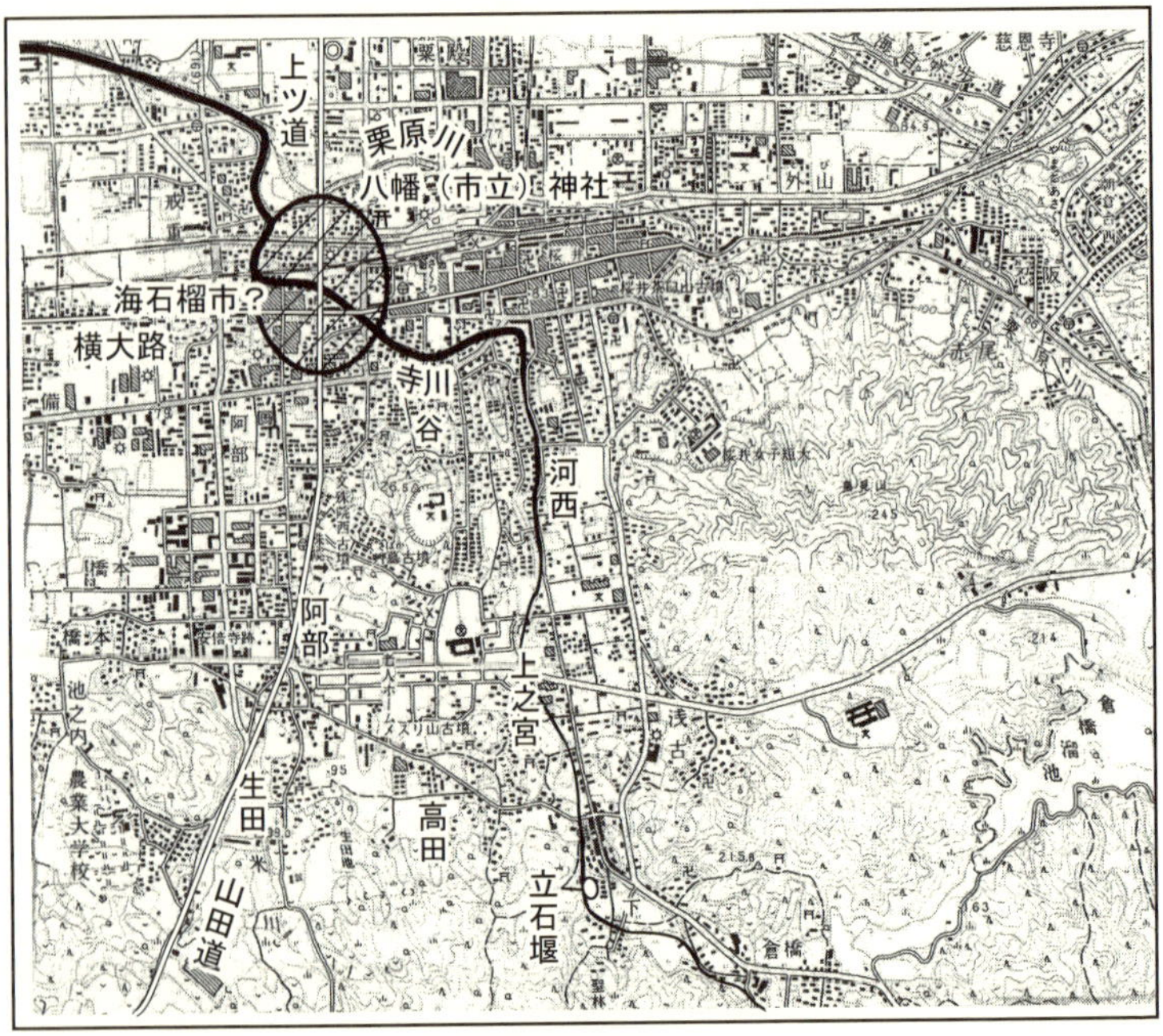

海石榴市と寺川

わけだから、井堰は渇水時のためにあるとしか考えられないわけだが、その井堰は、分水の相手方有利に造っている。これは一体どういうことなのだろうか。

　わけが分からない。ただ一つ解釈できるのは、上之宮、谷、河西の三カ大字はある時期、本来は水利権のない寺川の水を立石堰から分水する権利を獲得したのである。その際、分水路を引くのではなく、本流そのものを引っ張った。本来は高田、生田《おいだ》、阿部方面に流れていた寺川の流路をそっくりを付け替えたのではなかろうか。ただ、水利権を得た代わりに、本来、本流が流れていた北西方面への渇水時の流量

を確保するため立石堰を造った（造らされた）

――と推理するしかない。

自然地形をみると、寺川は立石堰から西北方面に流れていたと考えてもおかしくない谷筋をいまに残している。これに対していまの流れは、奈良情報商業高校の東側付近では、まるで崖を駆け下りるような不自然さがある。もちろん、寺川本流の流れを導く時には、自然の谷地形や小河川を巧みに利用したのなのだろうが……。戒重付近、つまり海石榴市の港の水量確保ということが思い当たる。

付け替えは古代か？

もし、この寺川の流れを三カ大字から桜井市街地方面へ流れるように付け替えたという大胆な推論が、当たっているとすれば、何の

立石堰近くから見た高田・阿部・生田方面への谷筋（正面）。
寺川の本流が流れていてもおかしくない自然地形だ。

ためだったのだろうか、いつのことだったのだろうか。

生田、阿部方面には、桜井市高家《たいえ》から流れ出る米川《よねかわ》があった。もともと水に不足していなかった生田、阿部地域は本流遮断によって洪水、冠水などの被害を免れるようになったのではなかろうか。低湿地の耕作地化も進んだかもしれない。

一方、水不足気味だった上之宮、谷、河西方面では、水利権と本流の流れを得ることによって、念願だった灌漑《かんがい》が実現できたのではなかろうか。それだけではない。通常の豊かな水の流れをそっくり得ることになる。

大胆な上に大胆な推論になったしまったとは思うが、その時期を古代までさかのぼらせると、戒重付近、つまり海石榴市の港の水量確保ということが思い当たる。海石榴市に通じる寺川、さらにその下流の下ツ道運河の水量確保をかなえるための事業だったのかもしれない。一大国家事業だったのかもしれない。

磐余池はどこに

磐余池は磐余の中心

磐余を本格的に王権の本拠としたのは履中《りちゅう》天皇だった。書紀によると、履中は磐余稚桜《いわれのわかざくら》宮で即位した。即位の翌年、「磐余に都を造り、磐余池を造った」と伝える。

そして、三年冬十一月に皇妃の黒媛とともに磐余市磯池《いわれのいちしのいけ》に両槻船《ふたまたぶね》を浮かべて舟遊びを楽しんだ。この時、時季ではないのに盃に桜の花びらが舞い落ちてきたことから宮居の名を磐余稚桜《わかざくら》宮と名付けた、と伝える。

用明天皇の池辺双槻宮《いけべのなみつき》は、その名称から池辺にあったこと、その池は磐余池か磐余市磯池だった可能性が高いと考えられている。用明天皇の第一子の厩戸皇子《うまやど》（聖徳太子）が幼年時代を過ごした上殿《かみつみや》（上宮）は、その池辺双槻宮の南にあったと伝える。

『日本書紀』によると、天武天皇が亡くなったのは朱鳥《あけみどり》元年（六八六）九月九日のことだった。殯宮が宮の南庭に設けられ、九月十一日から発哀（声を発して悲しみを表す儀礼）が始まった。二十四日の発哀で大津皇子《おおつのみこ》が皇太子に謀反を企てた。

十月二日になって発覚。大津と共謀者三十人余りがただちに逮捕された。翌日、大津は訳語田《おさだ》の舎《いえ》で刑死した。時に二十四歳だった。

ももづたふ　磐余の池に鳴く鴨を
今日のみ見てや雲隠りなむ

『万葉集』巻三に収められた、余りにも名高いこの辞世の歌は、「被死《みまか》らしめらゆる時磐余の池の陂《つつみ》にして、涕《なみだ》を流して作りまし……」という。

こうしてみると、磐余池こそ磐余地方の中心、磐余の歴史は磐余池のほとりで刻まれた、と考えてよさそうだが、その磐余池らしい池はいまはない。どこにあったのだろうか。

東池尻町の磐余池推定地

和田萃《あつむ》氏は、橿原市東池尻町から桜井市池之内にまたがる地にあった、と推測した。

東池尻町の御厨子《みずし》神社や妙法寺（御厨子観音）のある丘と、その東約六〇〇メートルほどにある池之内の稚桜《わかざくら》神社のある丘にはさまれた範囲が、その推定地。南から北に戒外《かいげ》川（下流は米川）が流れ、御厨子観音の東方に堤を築いてせき止めると、ダムのような大きな池が復元できる地形をいまに残す。自然の谷や丘陵をうまく活用する古代の池の特徴をよく備える、という。

現に、御厨子観音東方の宇島井の集落は、東西に細長い高まりの上にある。北側と南側の水田との比高差は二メートルほども。しかも、高まりは自然の土層ではなく、堅くたたきしめて造成したように観察でき、人工的に造った長さ三五〇メートルほどの堤の痕跡の可能性が高い。

さらに、付近には「池尻」や「池之内」や「島井」のほか、「堀切」「樋詰」「樋ノ口」「池田山」「中島」「北浦」など、池に関係すると考えられる小字名が数多くある。御厨子は「みずじり」だともいう。堤らしい高まりの北側の水田には条里が整然と残っているのに対し、池底だったと考えられる南側では条里がまったく見られない――。

こうした点を根拠に和田氏は、この池に磐余池が存在したことは確実で、その規模は桜井市の倉橋溜池にも匹敵する大きなものだったと推測。確かに現地に立つと、池跡らしい地形がよくうかがえる。青々と広がる水田

磐余池推定地。後方の家並みのある微高地が堤跡推定地、後方左の小高い丘が御厨子神社と御厨子観音のある丘
（田植え時、橿原市東池尻町）

の背後にある竜門山塊、多武峰の山々が美しい。

　稚桜神社は池之内の集落の南端の小高い丘の上にある。池全体を見渡す絶好の地にあたる。

　金本朝一氏の『磐余・多武峰の道』によると、稚桜神社の東北角より東へ三〇メートルばかりの地下から昭和十年頃、「大樋管」が発見された。市磯池の水樋だといわれる、という。もしそうだとすると、磐余市磯池と磐余池は稚桜神社をはさんで東西に並ぶように存在したことになる。

堤遺構の発掘

　磐余池推定地の堤遺構が、橿原市教委によって平成二十三年（二〇一一）に発掘調査された。橿原市東池尻町、和田氏が磐余池の堤の高まりを指摘していた場所にあたる。土

磐余池推定地で発掘された堤の遺構
（橿原市東池尻町）

を突き固めた版築層が確認され、古代のダム式溜池の堤跡であることが確認された。

堤の全長は約三三〇メートル、幅二〇―五メートル、高さ三メートル以上あったと推測。谷と小川（戒外川）をせき止める施設で、池は東西七〇〇メートル、南北七〇〇メートル程の規模だったと推測されている。

堤の上からは大きな建物跡（東西約四メートル、南北一七メートル以上）も見つかっている。宮殿に関わる遺構の可能性も指摘されている。

磐余地方には、古代の池の存在が推測される地形は他にもある。

歴史地理学者の千田稔氏は、古い航空写真に見られる地割などから、北東に数百メートル離れた桜井市大福、吉備あたりの平地に推定している。また、大津皇子の磐余池は和田説と同じ場所としながら、履中天皇の磐余市磯池は安倍丘陵の西端に沿った低地とする推定などもある。

池辺双槻宮と上殿

桜井市上之宮で、同市教育委員会が六十三年（一九八七）四月から四年がかりで約二〇〇〇平方メートルを発掘。正殿（四面庇《ひさし》付き建物）と脇殿から構成され、庭園や二重の囲いの施設を伴う六世紀後半から七世紀初頭ごろの居館遺構を掘り出した。各建物は柱筋を通す整然とした配置、同時代としては他に発掘例のない重要遺構の発見となった。宮殿遺構の可能性もあり、あるいは厩戸皇子（聖徳太子）の上殿《かみつみや》（上宮）では、と注目を集めた。石組み溝が馬蹄《ばてい》形に周囲をめぐる石組みの方形池など、特異な園池遺構も発見され話題になった。

もしこれが上殿の遺構であれば、用明天皇の池辺双槻宮は桜井市谷か桜井駅付近（桜井市街地付近）に存在したと推定され、磐余池もそのあたりにあった可能性が高まるが、確証はない。

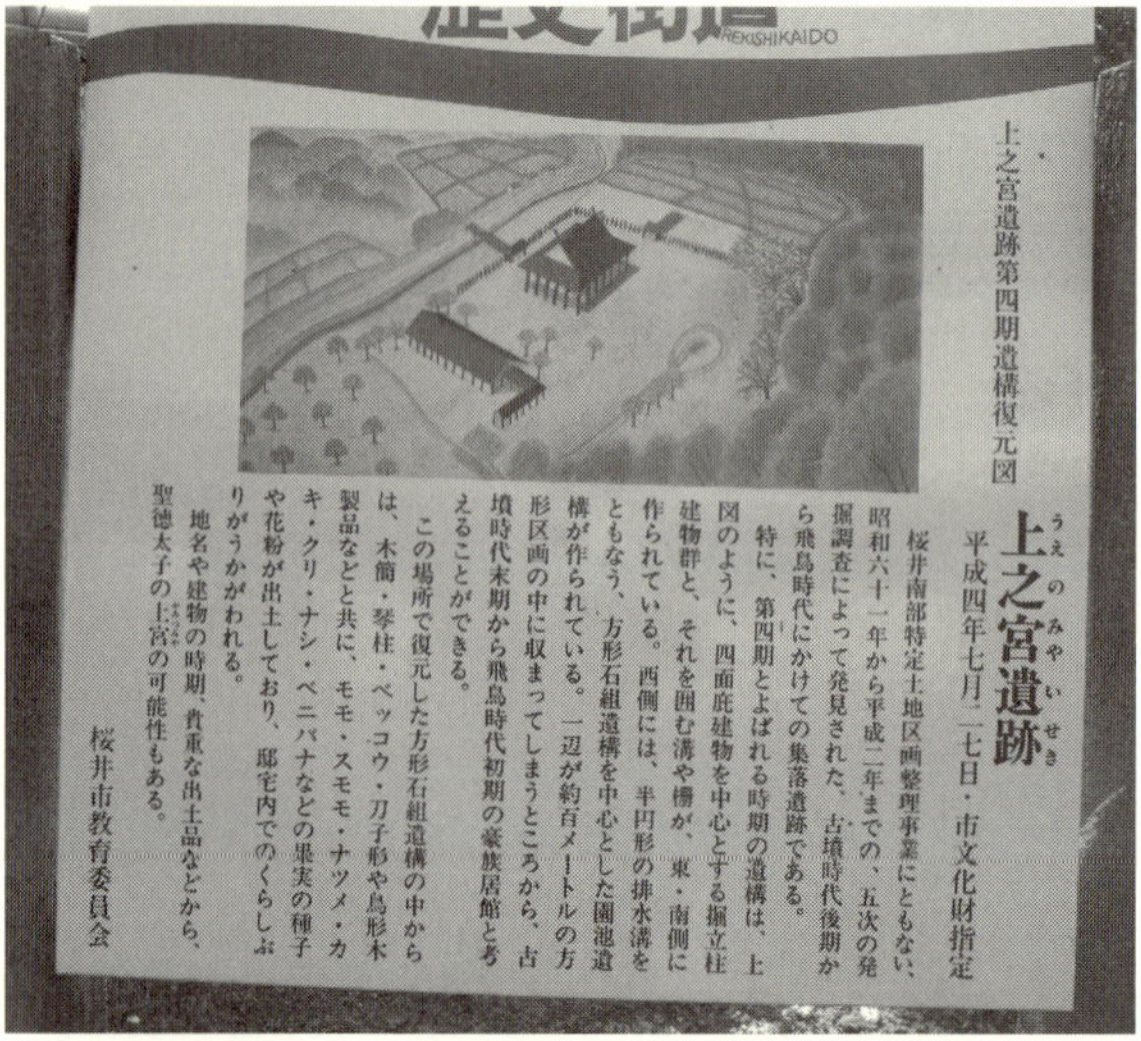

上之宮遺跡の説明板㊤上之宮遺跡の石組み方形池（復元）㊦＝桜井市上之宮

逆に、磐余池が他の場所であることが確定すれば、上之宮遺跡の居館遺構は太子の上殿遺構ではないことになる。

「宮の南

の上殿《かみつみや》」の伝承地は他にもある。桜井市上之宮字上宮寺にある春日神社付近である。メスリ山古墳と隣り合わせの丘の上にある。春日神社の北側に上宮寺という飛鳥時代の寺院（廃寺）があったと伝える。

磐余双槻池とも伝える石寸山口神社南側の古池
（桜井市谷）

池辺双槻宮の伝承地も存在する。『大和志』は石寸《いわれ》山口神社（桜井市谷）は「双槻神社」と称し、安部の長門邑に鎮座していた、とする。その長門邑には「磐余双槻池」という池があった、とする。どこまで信じてもいいものかというところがあるが、付近に池辺双槻宮が存在した可能性を示唆する地名が並ぶ。

もし池辺双槻宮がこの付近ならば、字上宮寺の春日神社付近の上殿伝承地の北北西約一・二キロに当たり、書記が伝える双槻宮と上殿の位置関係に合致する。

鷗立ち立つ

舒明《じょめい》天皇が造営をした百済大寺の遺構かと

注目を集めた吉備池廃寺が発見された吉備池の西側一帯の水田も低地に存在し、池跡らしい風情を見せる。

米川が北北西に流れ、谷筋に当たることは明白。よく観察すれば、桜井市吉備の集落や今の国道165号が堤防のようになっていて、米川は狭い川幅の流れになって窮屈そうに同国道を横切る。

東側は、吉備池やその北側にある春日神社の森などが小高く、西側は橿原市膳夫町の集落が小高い位置にあり、これらに囲まれる低い水田が池だったとすれば、相当大きな池があったことが推定できる。和田氏の磐余池想定地の二倍ほどもあった可能性がある。背後には竜門山塊の山並み、広々とした美しい池が想定できる。

古代池の存在が推定できる吉備池西側の水田地帯。
後方は竜門山塊（田植え時、桜井市吉備）

磐余池はどこに

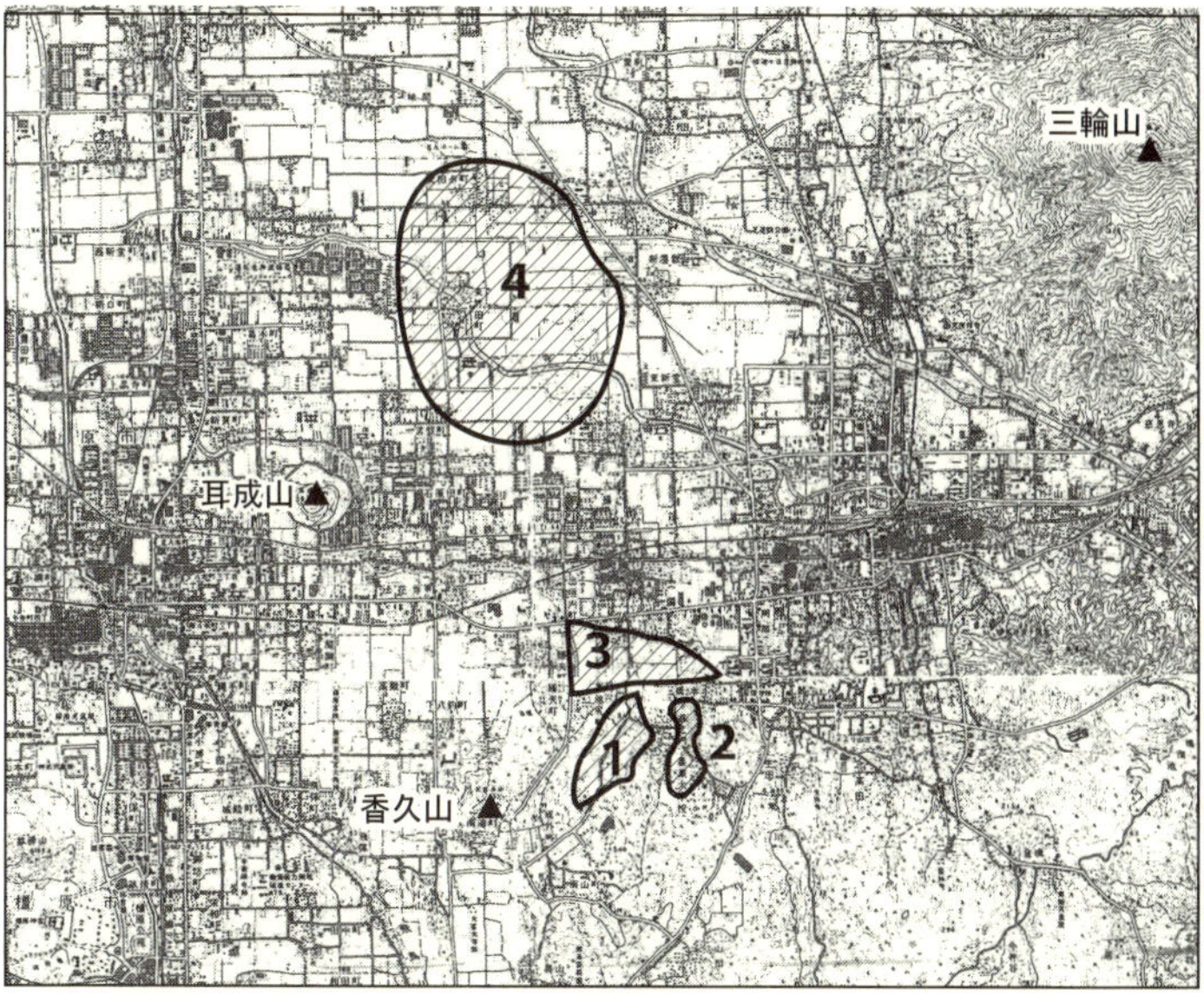

推定できる磐余の池
①推定磐余池
②推定磐余市磯池
③吉備池西方の池推定地
④大泉・大福の池推定地

『万葉集』にこんな歌がある。

天皇《すめらみこと》、香具山に登りて望国《くにみ》し給ふ時　の
御製歌《おほみうた》

大和には　群山《むらやま》あれど　とりよろふ　天《あめ》の
香具山　登り立ち　国見をすれば国原は
煙《けぶり》立ち立つ　海原《うなはら》は　鷗《かもめ》立ち立つ　うま
し国そ　蜻蛉島《あきづしま》　大和の国は

舒明天皇が香具山（香久山）に登って国見をした時の歌と伝える。「国原（平野）のあちこちから煙が立ち上り、海原からはカモメ（白い水鳥）が飛び立つ」と詠んでいる。

「海原」をどう解釈するか、古くから論議を呼んできた。香久山の北麓にいまもある埴《はに》安《やす》池のことだろうとするのが一般的だが、国土を取り巻く広い海を思い描いての作歌との解釈もある。
さらに、磐余の地にあった広々とした池を海に見立てたというようなこともあったのではなかろうか。

初瀬川ともつながる磐余池
いま一つ、『日本書紀』継体天皇七年九月の条に次のような歌謡を掲げる。

隠国《こもりく》の　泊瀬《はつせ》の川ゆ　流れ来る　竹のい
組竹節竹《くみたけよだけ》　本辺《もとへ》をば　琴に作り　末辺をば
笛に作り　吹き鳴《な》す　御諸《みもろ》が上に　登り立
ち　我が見せば　つのさはふ　磐余の池の
水下《みなした》ふ　魚《うを》も上に出て嘆く　やすみしし
我が大君の　帯《お》ばせる　細紋《ささら》の御帯《みおび》の　結
び垂れ　誰やし人も　上に出て嘆く

「泊瀬の川（初瀬川）から流れ来る竹の組み合わさっているものや節の立派なものは笛に作り、吹き鳴らそうと御諸《みもろ》に登り立ってながめると、磐余の池の魚も水面に顔を出し……」という。
磐余玉穂宮で亡くなった継体天皇に対する挽歌とも考えられることから「御諸」は単に斎場を指すとの解釈もあるが、もっとスケールの大きな歌で、「御諸」はやはり三輪山のことではなかろうか。そして磐余の池は泊瀬川（初瀬川）とつながっていたこともうかがわせる。もしそうであれば、磐余の池は橿原市東池尻町の推定磐余池跡では小さ過ぎる。

広大な池の存在も推定できる桜井市大泉の水田。
バックに三輪山（田植え時）

桜井市の西部、大福から大泉にかけて、いまも広大な低地が広がる。真ん中を東西に中和幹線が突っ切ったことから商業施設が次々と出来つつあるが、人家のない水田が最近まで広がっていた。自然堤防とみられる高まりやアシの群落などもあり、池跡らしい地形や自然環境を残す。三輪山とは目と鼻の先。継体紀に詠まれた磐余の池は、ここに広がる湖か沼のような湿地だったのではなかろうか。

磐余地方には、地形などから、存在したことが推定される池跡はいくつもあるのである。

大津皇子の磐余

訳語田の舎で死を賜る

朱鳥《あけみどり》元年（六八六）九月九日、天武天皇が亡くなった。

殯宮《もがりのみや》が宮の南庭に設けられた。九月十一日から発哀《はつあい》（声を発して悲しみを表す儀礼）が始まった。二十四日の発哀で、大津皇子が皇太子に謀反を企てた。

十月二日、大津皇子の謀反が発覚した。ただちに大津は逮捕された。共謀者や舎人ら三十余人も捕らまった。

翌十月三日、大津は訳語田《おさだ》の舎《いえ》で死を賜った。時に二十四歳。

妃の山辺《やまのへ》皇女は髪をふり乱し、はだしで駆けつけて殉死した。これを見た人々は皆、すすり泣いた。

〈巻第二十九・天武天皇〉
〈巻第三十・持統天皇〉

「訳語田の舎」は大津皇子の邸宅だったとも、監禁場所だったとも推定できる。継体《けいたい》天皇の磐余玉穂宮《いわれのたまほ》と敏達天皇の訳語田幸玉宮《おさだのさきたま》の伝承地である桜井市戒重付近にあったといわれる。いわゆる磐余の地にあったらしい。

磐余池推定地跡をバックに建つ大津皇子辞世の歌の歌碑（橿原市東池尻町の御厨子観音境内）

ももづたふ磐余池《いわれのいけ》に鳴く鴨《かも》を
今日のみ見てや雲隠りなむ

『万葉集』巻三に収められた大津皇子の辞世の歌。「被死《みまか》らしめらゆる時磐余の池の陂《つつみ》にして、涕《なみだ》を流して作りまし……」という。

磐余池の所在地は必ずしもはっきりしているわけではないが、訳語田の舎に程近かったことは推測できる。うれしい時、悲しい時、そしてもの思いにふけるとき、大津皇子はいつも磐余の池の陂にたたずんでいたのではなかろうか。

我が国最古の漢詩集である『懐風藻』にも

大津皇子の臨終（辞世）の歌が載る。

金烏臨西舎（金烏《きんう》　西舎《せいしゃ》に臨み）
鼓声催短命（鼓声《こせい》　短命を催《うなが》す）
泉路無賓主（泉路《せんろ》　賓主無し）
此夕誰家向（この夕　誰が家にか向ふ）

「太陽は西に傾き、夕べを知らせる鼓声に短い命が身にしみる。泉路は一人旅、向かう家はどこにもない――」。

運命の夕暮れ、覚悟していた死ではあるが、無念の思いがほとばしる――。

『日本書紀』は、大津皇子について「容姿はたくましく、ことば晴れやか。天智天皇にも愛された。成人後は分別よく学才にすぐれ、とくに文筆を愛した」とこれまたベタ褒め。「詩賦の興りは大津より始まる」とまで書く。

『懐風藻』は、「状貌魁梧《じょうぼうかいご》、気宇峻遠《きうしゅんえん》」と大津を称賛する。身体はたくましく、度量も秀

『懐風藻』に載る大津皇子の臨終の漢詩を刻む石碑（桜井市吉備の春日神社境内）

れ広大である、というのだ。さらに、「幼年にして学を好み、博覧にしてよく文を属《しょく》す。壮なるにおよびて武を愛し、多力《たりょく》にしてよく剣を撃つ。性すこぶる放蕩《ほうとう》にして、法度《ほうど》に拘《かかわ》らず、節を降して士を礼す」と述べ、大器ぶりを伝える。

吉野の会盟

天武天皇には十七人の子があった。皇子だけで十人を数えた。うち、長子の高市皇子、皇后との間に生まれた草壁皇子、皇后の姉の大田皇女との間に生まれた大津皇子らが、皇位継承の有力候補と目されていた。

長子の高市皇子には、壬申の乱（六七二年）の際にはいち早く大津京を脱出、鹿深《かふか》（甲賀）越えで大海人皇子一行に合流するなど、その活躍はめざましいものがあったが、母親の出自の問題があり、序列は草壁、大津の後だったらしい。草壁か大津かが、朝廷に潜在する大問題だった。

天武《てんむ》八年（六七九）五月五日、天皇は吉野宮に皇子たちを集めた。草壁《くさかべ》、大津《おおつ》、高市《たけち》、忍壁《おさかべ》（刑部）の各皇子が顔を揃え、天智《てんじ》天皇の子、川嶋《かわしま》皇子と施基《しき》皇子の姿もあった。皇后（後の持統天皇）も同席した。

「きょうここで、お前たちと誓いを立て、千年の後まで争いの起こらないようにしたいと思うが、どうか」

皇子たちは皆、

「ごもっともでございます」

と声を揃えた。まず、草壁皇子が進み出て、

「私ども兄弟、長幼合わせて十余の王はそれぞれ母が違います。しかし、みな天皇のおことば通り、互いに助け合い、争いは致しません」
と、誓いのことばを述べた。

　他の皇子たちも次々と同様に誓った。皇后も誓った。天皇は、衣の襟《えり》を開いて六人　の皇子たちを抱きかかえた。

〈巻第二十九・天武天皇〉

「吉野の会盟」と呼ぶ。天武天皇にとっては天下奪取の出発点への久しぶりの〝帰還〟だった。相次ぐ政治改革が軌道に乗り、ホッと一息ついたときだった。「端午の節句」の

吉野宮は深い緑に包まれ、吉野川の流れの音が快く耳に響いていたに違いない。

吉野宮は、飛鳥——奈良時代の離宮跡らしい遺構が検出されている吉野町宮滝の宮滝遺跡（国史跡）付近とされる。

吉野川は、宮滝付近で大きく弯曲、切り立っ

吉野町宮滝の吉野川。付近に吉野宮があったと推定される

た岩壁の間を行く清流は、滝のようにしぶきを上げ、深いところは青く淀む。河岸段丘上に宮滝の集落がある。昭和五年（一九三〇）、まだ橿原考古学研究所を創設する前の末永雅雄氏により発掘調査が開始され、縄文、弥生時代の遺構、遺物とともに石敷き遺構などが掘り出された。以後も調査が継続され、方形周溝墓、掘立柱建物跡、棚列《さく》、苑池遺構などが次々と発見された。平成三十年（二〇一八）、聖武《しょうむ》天皇らが訪れた奈良時代の宮滝離宮跡とみられる大型建物遺構も、吉野川に程近い場所で確認された。

壬申の乱

思い起こせば、大津京で兄天智天皇の病床を辞し、出家の身となって吉野へ入ったのは天智十年（六七一）九月二十日のことだった。「吉野の会盟」の八年前だった。

人々は「虎に翼をつけて放つようなものだ」と言い合った。

天智天皇は十二月三日、大津京で四十六歳の波乱の生涯を閉じた。天智の子、大友皇子ら近江朝廷側は、当然、大海人皇子への警戒感を強めた。

吉野の大海人皇子は、「私が皇位を辞して身を引いたのは、一人で天命をまっとうしようとしたから。わが身が滅ぼされるのを、どうして黙っておられよう」と挙兵を決意。

六七二年六月二十四日、妃の鸕野讃良《うののさらら》皇女（後の持統天皇）や皇子らを引き連れて吉野を出発、美濃へ向かった。

吉野（宮）を出発した大海人皇子一行はわ

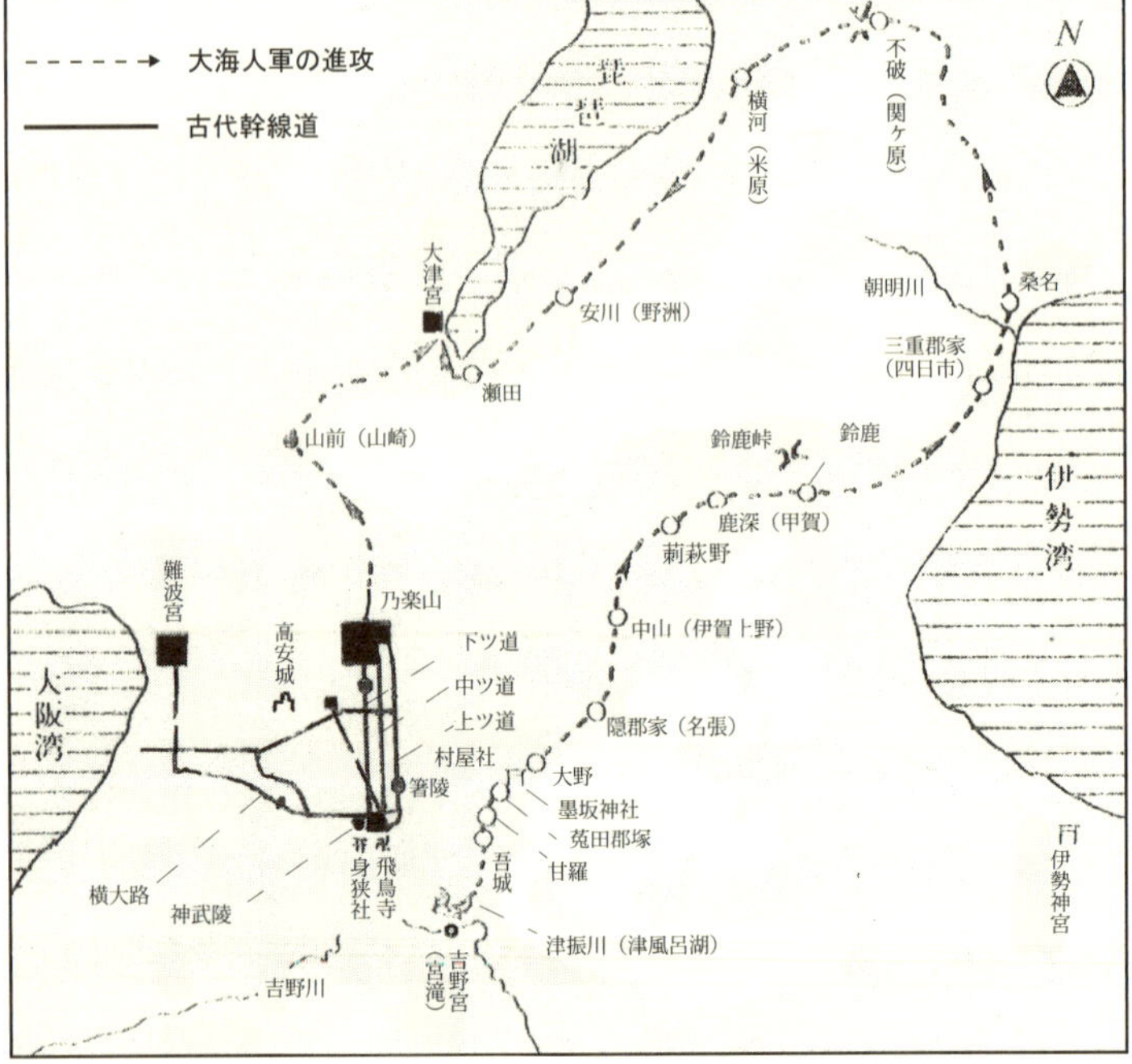

壬申の乱（大海人軍の進攻）

ずか三十人ばかりだった。

しかし、桑名郡家（三重県桑名市）までの直線距離で一〇〇キロを超える道をわずか三日で走破し、協力者を増やした。不破の国を固め、美濃や尾張の東国勢も味方につけた。

大和での戦いにも勝利し、七月二十二日、大海人軍は大津京を総攻撃、かろうじて逃走した大友皇子は翌二十三日、山前《やまさき》（京都・大阪府境付近）で自害して果てた。大海人が吉野で決起してからちょうど一カ月後のことだった。

湖国の都は露と消え、古代史上最大の内乱に勝利して天下を奪取した大海人皇子は飛鳥に凱旋《がいせん》、六七三年二月、飛鳥浄御原で即位、天武天皇となった。「神にしませば」と歌われ、天皇中心の中央集権古代律令国家体制を確立した。

よき人のよしとよく見てよしと　言ひし
　吉野よく見よよき人よく見つ

吉野を〃政権のふるさと〃とする天武天皇の「吉野讃歌」である。

その吉野に皇子たちを集め「兄弟仲良く」と誓わせた天武天皇だったが、翌年、草壁を皇太子にする一方で、その二年後には大津を「朝政」に参画させた。ともに政治の中枢に身を置かせる措置だった。天武の人事とは思えぬ歯切れの悪さ。天武自身〃迷い〃から抜けきれないところがあったのだろうか。

天武天皇の後継者に絡む心配、危惧は、天武が亡くなってから一カ月も経たぬうちに現実のものとなった。

大津皇子の謀反事件は、持統天皇の仕組んだ冤罪事件だったとみる歴史家が多い。

ライバル草壁皇子と恋の火花

大津はライバル草壁皇子と、石川郎女《いしかわのいらつめ》をめぐって激しく恋の火花を散らした。二人の皇子の父・天武（大海人皇子）が兄の天智（中大兄皇子）と額田王を争ったのと似ている。

大名子を彼方《おちかた》野べに刈るかやの
束の間も　吾忘れめや（草壁皇子）

あしひきの山の雫《しずく》に妹待つと
吾立ちぬれ　ぬ山の雫に（大津皇子）

石川郎女の返歌は、
吾を待つと君がぬれけむあしひきの
山の雫にならましものを

「ずっとあなたを待ちました。」、山の夜露に濡れてしまったよ。あなたが好きです」と訴える大津皇子に、「行けなくてごめんなさい。私を待って夜露に濡れてしまったんですって。私、その夜露になりたかった――」と応えた。『万葉集』は大津皇子の恋の勝利を伝える。

草壁皇子は、大津の死からわずか二年半後、二十八歳で亡くなっている。日頃から病弱だったらしい。草壁の母、持統天皇にとって大津皇子の存在は大きな脅威だったに違いない。

大伯皇女の悲しみ

大津には同母姉がいた。伊勢の斎王《さいおう》、大伯《おおく》皇女。『万葉集』は、美しく、悲しい二人の姉弟愛を伝える。

わが背子《せこ》を大和へ遣《や》るとさ夜更《ふ》けて
暁露《あかつきつゆ》にわが立ち濡れし
二人行けど行き過ぎ難き秋山を
いかにか君が独り越ゆらむ

死の直前、伊勢の斎宮《さいぐう》を訪ねた大津を見送ったときの歌。恋歌そのものとの見方もある。

大伯皇女は、弟の突然の死を大変悲しんだ。大津皇子の死後四十日余りを経て、斎宮《いつきのみや》を解任された大伯は帰京する。「伊勢の斎宮より京に上る時に作りませる歌一首」が『万葉集』にある。

神風《かむかぜ》の伊勢の国にもあらましを
　なにしか来けむ君もあらなくに
見まく欲《ほ》りわがする君もあらなくに
　なにしか来けむ馬疲るるに

記紀万葉研究家で『奈良の古代文化⑤　記紀万葉歌の大和川』の筆者である松本武夫氏（故人）は、一首目を《（こんなことなら）伊勢の国にいた方がよかったものを。どうして大和に来てしまったのだろうか。懐かしい弟はもはや生きていないのに》と解釈する。

二首目は《逢いたい逢いたいと思っている人はもはやこの世にはいないのに。どうして大和へ来たのだろう。いたずらに馬が疲れるばかりなのに》。

帰京した皇女の耳に入ってくる情報は心を痛めつけるものばかりだった。大津皇子とその妃の悲惨な死……、死罪は大津皇子ただ一人……、謀反を積極的にすすめた僧行心は飛騨国への寺替えに終わる。誰かが大津皇子を謀反にしか生きる道のない状況に追い込んでおき、抹殺してしまおうというワナを仕掛けたことが明白ではないか——。松本氏はこのようにも解釈する。

二上山を弟と

『万葉集』はさらに「大津皇子の屍《かばね》を葛城《かづらき》の二上山《ふたかみやま》に移し葬る時、大来皇女《おおくのひめみこ》、哀傷《かなし》びて作りませる歌二首」を掲げる。

うつそみの人にあるわれや明日よりは
二上山《ふたかみやま》を弟世《いろせ》とわが見む
磯《いそ》のうえに生《お》ふる馬酔木《あしび》を手折《たお》らめど
見すべき君がありと言はなくに

吉備池の堤に建つ大来皇女の「うつそみの…」の歌碑（桜井市吉備）

「あすからは二上山を弟と思って眺めよう」。皇女の悲嘆は一三〇〇年の歳月を超えて人々の心を打ち続ける。

二上山は、当麻町と大阪府・太子町の境界にある。雄岳《おだけ》（五四〇メートル）と雌岳《めだけ》（四七四メートル）

夕日の二上山。桜井市より。

の二峰から成り、こんもりとまろやかな山容は、東の三輪山とともに大和をめぐる青垣山の中でもきわだって美しい。

トロイデ火山で、二上火山群の主峰だった。山から産するサヌカイトは石器の材料として広く全国に用いられた。凝灰岩《ぎょうかいがん》は、墳墓の石棺や寺院の基壇化粧石などに利用された。

二峰の間に沈む夕日は独特の感慨を呼び、西方信仰と結びついた。西麓の「近つ飛鳥」（大阪府太子町）には聖徳太子や推古《すいこ》天皇らの陵墓が多数造られ、東麓には中将姫《ちゅうじょうひめ》伝説などに彩られ「浄土霊場」として信仰を集める当麻《たいま》寺（葛城市）が建立された。

磐余池の存在が推定される地からは、その二上山が美しく見える。

磐余のうた

記紀万葉研究家で、『奈良の古代文化⑤記紀万葉歌の大和川』(青垣出版、２０１５年)の著者である松本武夫氏(故人)に「磐余のうた」を案内してもらう。松本氏が自ら主宰する大和記紀万葉研究会が催した第三一回歩こう会で使用したレジメ「磐余」を参考に、磐余を詠んだ(磐余で詠まれた)記紀歌謡や万葉歌を辿《たど》る。

磐余の山

つのさはふ　磐余の山に　白たへに
懸《かか》わる雲は　皇子《すめらみこ》かも
(一三―三三二五)

この歌は、次の長歌(三三二四)の反歌である。

…麻裳《あさも》よし　城於道《きのへのみち》ゆ　角《つの》さはふ　石村《いわれ》を見つつ　神葬《かみはふ》り奉《まつ》れば　往く道の　たづきを知らに　思へども…

一連の歌は挽歌とみられるが、誰に対する挽歌なのか、作者も含め題詞は一切ない。本書「磐余の範囲」編では、高市皇子への挽歌とみなし、橿原市中曽司町の磐余神社付近の

磐余の山（桜井市橋本付近）

「石寸《いわれ》」を見ながら、城於道《きのへのみち》を行く葬列の様を詠んだものと解釈した。ただ、松本氏は、被葬者は高市皇子とは限らず軽皇子（文武天皇）の可能性も考えられるという。

反歌は、〈磐余の山にまっ白にかかっている雲は、わが皇子であろうか〉という。松本氏は、白い雲を磐余の山で火葬された皇子の霊魂を表現したものと解釈する。

池の辺

池の辺《へ》の　小槻《をつき》が下《もと》の　細竹《しの》な刈りそね
それをだに　君が形見に　見つつ偲はむ
（七―一二七六）

〈池の辺の槻の木の下の篠は刈らないでくださいな。せめてそれだけでもあなたの形見として、見ながら偲ぶよすがにしたいと思いますから〉

池神《いけかみ》の　力士舞《りきしまひ》かも　白鷺の
桙啄《ほこく》ひ持ちて　飛び渡るらむ
（一六―三八三一）

㊤土舞台顕彰碑　㊦「日本芸能発祥の地　土舞台」の説明板（桜井市安部）

〈池神の力士舞なんだろうか。あれ、白鷺が桙をくわえて飛び渡っているのは〉という。この歌の題詞に「白鷺の木を啄ひて飛ぶを詠む」とあり、宴席で友人たちから物名を出されて一首ずつ即妙に詠み上げ、最後に白鷺が木を啄わえて飛ぶ絵が課題になったと考えられる。絵はごく普通のまじめなものであったが、それから力士舞の滑稽な所作を連想し、同席の興を呼んだもののようである。

――と松本氏は解釈。

力士舞は推古天皇二〇年（六一二）に百済の味摩之《みまし》が伝えたという伎楽《くれがく》の舞の一つという。桜井をその演技研修の場としたと伝承があり、桜井小学校の西側の台地に土舞台の伝承地がある。保田与重郎氏の土舞台伝承を刻んだ石碑が建つ。

土舞台伝承地付近には「磐余双槻池」の地名伝承もあり、近くの石寸山口神社は「双槻神社」と称したともいう。用明天皇の磐余双槻宮の候補地の一つである。

磐余の道

『万葉集』に「磐余の道」を詠み込んだ次のような歌がある。

石田王《いわたのおおきみ》の卒《みまか》りし時、山前王《やまくまのおおきみ》の哀傷《かなし》びて作る歌一首

つのさはふ　磐余の道を　朝さらず　行き
けむ人の　思ひつつ　通いけまくは　ほと

とぎす　鳴く五月《さつき》には　菖蒲草《あやめぐさ》　花橘《はなたちばな》を
玉に貫き　かづらにせむと　九月《ながつき》の　時雨
の時は　黄葉《もみじば》を折りかざさむと　はふ葛の
いや遠永く　万世に　絶えじと思ひて
通ひけむ　君をば明日ゆ　外《よそ》にかも見む
（三―四二三）

〈磐余の道を朝ごとに通ったであろう君（石田王）が物思いしながら通っただろうことは（その思った内容は）「ホトトギスの啼く五月には菖蒲草と花橘とを玉のように緒にして花かづらにしようと、また九月の時雨の降る時には、紅葉を折って髪にかざそうとしたのであろう。長く地をはう葛のようにいつまでも長く万世に絶えることなくしよう」と、思って通われたのであろう。その君（石田王）を明日からは別の世界の人と見ることであろうか〉

作者の山前王は忍壁皇子の子で、天武天皇の孫にあたる。石田王はよく分からないが、亡くなったのは藤原京時代と考えられる。石田王が藤原京を出て愛しい泊瀬越女《はつせおとめ》のもとに

磐余の道。具体的な場所は分からない（桜井市谷で）

通うために通ったのが、歌中の「磐余の道」であったらしい。磐余の道は、磐余を過ぎる道ぐらいの意味で、特定の道ではない。しかし、人間は何回か同じ所に行くには同じ道を通っているものである。強いて想定するならば、藤原京―池尻―（現）安倍文殊院のあたり―（丘を越えて）―追分―泊瀬ともなるのではなかろうか――、と松本氏は推定する。

『万葉集』には、この歌と同様、磐余を通り、泊瀬に向かおうとする春日蔵首老《かすがのくらびとおゆ》の歌もみえる。

つのさはふ　磐余も過ぎず　泊瀬山　何時
かも越えむ　夜はふけにつつ
（三―二八二）

作者は〈磐余さえもまだ通り過ぎていないのに、泊瀬の山はいつ越えられることやら。夜は次第にふけていくが〉という。この歌ではその出発点は不明であるが、「磐余も過ぎず」は、かなりの道程をまず感じさせる。しかし、春日蔵首老はもと僧職、弁基《べんき》といったが、大宝元年（七〇一）勅により還俗、藤原宮に仕えた人であるから、作者は急用か何かでおそらく藤原京を遅く出発したものと考えたい――という。

さらに、「つのさはふ（角障経）は、蔓草《つるくさ》が多く這っている意で、磐（石）にかかる枕詞。作者は、単に声調を整えるだけの使用ではなく、障害の意味をも持つこの枕詞によって、自己の焦燥感を効果的に表現しようとしたものである――と解説する。

磐余の池

『日本書紀』の継体天皇七年九月の条に次の歌謡が見える。

隠国《こもりく》の　泊瀬《はつせ》の川ゆ　流れ来る　竹の　い組竹節竹《くみたけよだけ》　本辺《もとへ》をば　琴に作り　末辺《すえへ》をば笛に作り　吹き鳴す　御諸《みもろ》が上に　登り立ち　我が見せば　つのさはふ　磐余の池の水下《みなした》ふ　魚《うお》も上に出て嘆く　やすみしし我が大君の　帯《お》ばせる　細紋《ささら》の御帯《みおび》の　結び垂れ　誰やし人も　上に出て嘆く

松本氏によると、歌意は〈泊瀬《はつせ》川を流れ来る竹の、組み合わさり茂っている竹、節のりっぱな竹。その太い根本のところで琴を造り、末の細いところで笛を作って吹き鳴らそうと御諸に登り立って、私がながめると、磐余の池の魚も水面に顔を出して大君とのお別れを悲しみ嘆いています。我が大君が締めておいでになる細かい模様の御帯が結び垂れているように誰もが顔に出してお別れを悲しみ嘆いています〉となる

「琴」や「笛」は祭具の一つ、「御諸《みもろ》」は斎場、「我が大君」は磐余の池のあたりに宮居した天皇かその皇子であろう。継体紀という点から、あるいは磐余玉穂宮で崩御の継体天皇に対する挽歌かもしれない、とみる。

（なお、本書「磐余池はどこに」編では、御諸は

竜門山塊を背にする吉備池

斎場ではなく御諸山＝三輪山とみて、三輪山の程近くに、大きい池か沼沢地があったと解釈する）。

『万葉集』に載る「大津皇子、死を被《たまわ》りし時、磐余の池の陂《つつみ》にして涕《なみだ》を流して作りませる歌一首」は、朱鳥《あけみどり》元年（六八六）十月三日、訳語田《おさだ》の舎《いえ》で死を賜った大津皇子の辞世の歌である。

堤には大津皇子の辞世の歌碑がある

百伝《ももづた》ふ　磐余《いわれ》の池に　鳴く鴨を
今日のみ見てや　雲隠りなむ
（三―四一六）

松本氏の解説に耳を傾けてみよう。

「百伝ふ」は枕詞。「磐余」には「イハ」にかかる枕詞「つのさはふ」を用いたのが普通で、「百伝ふ」を用いたのは記紀万葉中この一首だけである、という。

「百伝ふ」は通常「五十《い》」・「八十《やそ》」にかかり、次第に百になっていくという意味を持つ。ところが、文才豊かな大津皇子は、「百伝ふ」を「磐余」の「イ」にかけることによって、「五十《い》」にかけたと同様の効果を出そうとしている。

百は無限を意味する。いま磐余の池に鳴いているのは「百伝ふ」鴨というのだ。「今日のみ見てや」の「や（哉）」との関係も深い。〈磐余の池に鳴く鴨を見聞きするのは今日限りだろうか。確かに堤では今日限りかもしれない。しかし、私が雲隠れても（亡くなっても）、私のいる雲の上まで次から次へと飛んできていついつまでも鳴き悲しんでくれる鴨なのだ。私だっておまえたちの声をいついつまでも聞くことだ〉という強い心情がうかがわれる――と大津皇子の無念を解説する。

磐余の古墳①

桜井（外山）茶臼山古墳とメスリ山古墳

6基の巨大古墳

三輪山周辺地域には、全長二〇〇メートルを超えるいわゆる巨大前方後円墳が六基も集中する。

まるで三輪山に抱かれるように立地する、桜井市箸中《はしなか》の巨大古墳が箸墓《はしはか》（箸中山《はしなかやま》）古墳。邪馬台国《やまたいこく》の女王・卑弥呼《ひみこ》の墓説もある注目の大古墳だ。全長二八〇メートルを測る。六基の中で一番早く造られた。つまり、最古の巨大古墳だ。

北へ五〇〇メートル程のところ、天理市渋谷《しぶたに》町に、景行《けいこう》天皇陵とされる渋谷向山《しぶたにむこうやま》古墳が横たわる。全長三〇〇メートル、六基の中で一番大きい。

崇神天皇陵とされる行燈山《あんどんやま》古墳はその北側にある。二四二メートル。渋谷向山より一回り小さいのだが、高さ七メートルほどもある土堤の周濠に取り囲まれ、「これぞ王陵」と言わんばかりの堂々としたたたずまいを見せる。

西殿塚《にしとのづか》古墳は、天理市萱生《かよ》町の高台にある。主軸を南北にし、全長二一九メートル。六基の中で二番目に古く、箸墓古墳に次いで築造されたことは考古学者の一致して認めるところ。六世紀に登場した継体《けいたい》天皇の后で、欽明《きんめい》天皇の母に当たる手白香《てしらか》皇女を葬る衾田陵に治定されるが、あまりにも時代が食い違う。陵墓治定の間違いの典型例ともいえる。

あとの二基、桜井（外山）茶臼山古墳とメスリ山古墳は少し離れて磐余の一角といえる場所にある。

桜井茶臼山古墳は、市街地の東はずれ、桜井市外山《とび》の国道165号沿いに立地し、全長

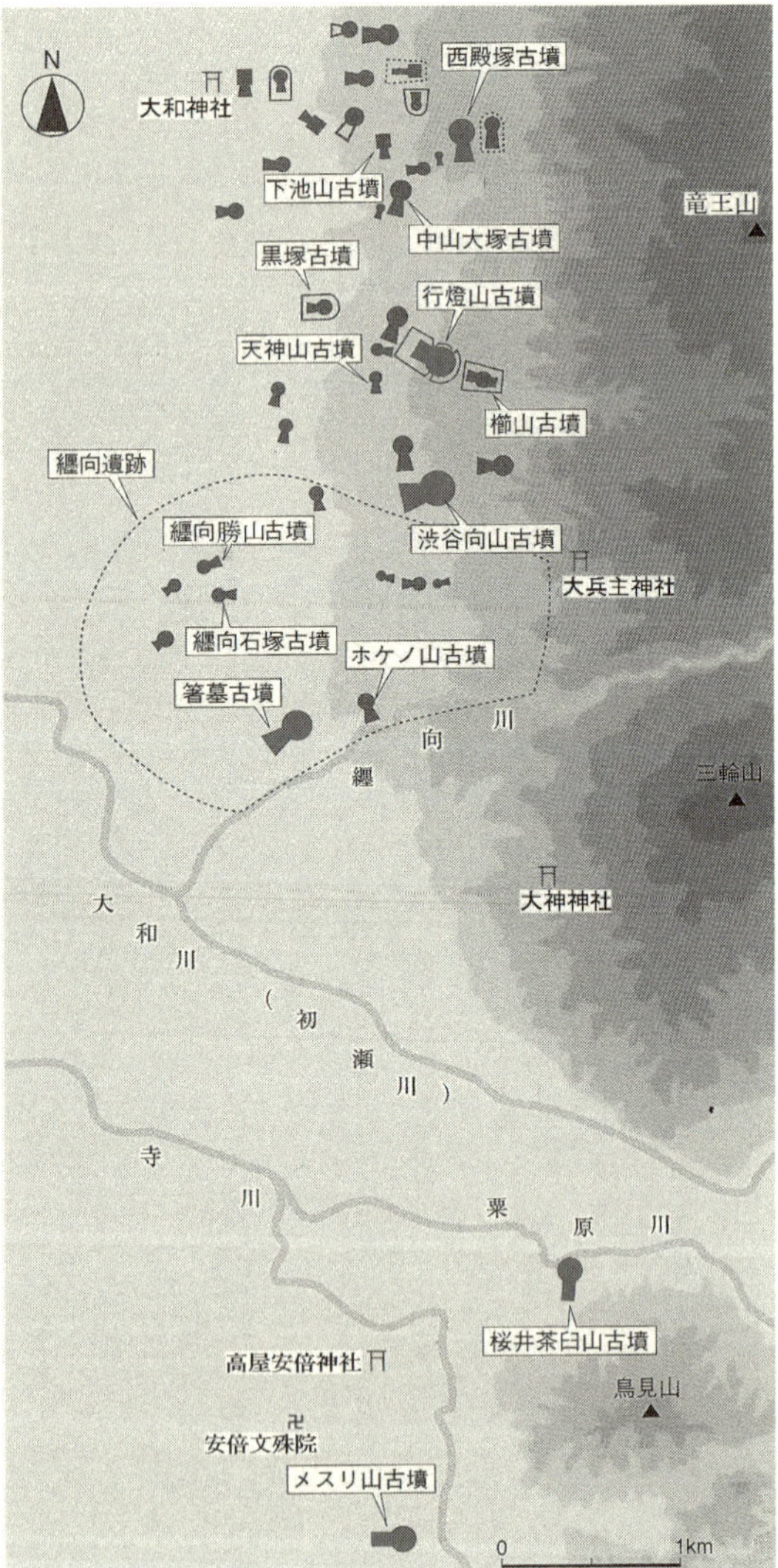

奈良盆地東南部の古墳。三輪山を取り囲むように６基の巨大古墳が並ぶ（橿原考古学研究所附属博物館『巨大埴輪とイワレの王墓』収載図をもとに作成）

二七〇㍍《メートル》。前方部が後円部に比べて低くて、幅が狭い「柄鏡式《えかがみしき》」と呼ばれる特徴ある墳形で知られる。

メスリ山古墳は、市街地の南方、阿倍《あべ》丘陵の南端にあたる桜井市高田、上之宮にある。全長二五〇㍍《メートル》以上。後円部は神社の社叢となりこんもりした森をつくるが、前方部は大方が畑、地上からは墳丘の形はなかなかつかみにくい。

六基の巨大古墳の築造時期は、三―四世紀代とされる。一番最初に造られたのは箸墓古墳であることは研究者の見解が一致している。その築造年代については、三世紀末から四世紀初頭とされるが、近年は三世紀初頭説も出て、見解に開きが大きい。

以後の築造順位についてはさまざまな見方が交錯するが、四世紀半ばごろまでの間に次々と築造されたということには異論はないようだ。

この時期にこれほどの規模の大古墳が集中して造営されたところは、日本列島中、ほかにない。そもそも、箸墓古墳より早い時期に造られた全長二〇〇㍍《メートル》を超える巨大古墳は、全国どこにもない。つまり、箸墓古墳は日本列島で最初に出現した巨大古墳であり、六基は列島最初の巨大古墳集団なのである。

古墳は権力のモニュメントである。燃えるものや腐るものは、残りにくい。しかし、土や石や焼きもので造られたから残った古墳は、多くの情報をいまに伝える。

「巨大」ということも富や権力との関りで

は大きな意味を持つ。仁徳《にんとく》天皇陵（大山古墳＝大阪府堺市）の造営は、ピーク時二千人が一日八時間労働で週一日休みのペースで作業に当たったとして十五年八カ月を要した、とかつて大林組が算出した。古墳の築造は大土木工事だったのだ。大勢の作業員を動員する富と権力がなければできることではなかった。

六基の巨大古墳は、三輪山周辺地域に、三—四世紀に列島で最も強大な富と権力を持つ集団（勢力）が一定期間存在した、という動かしがたい事実を物語っているのである。それも他の地域から飛び抜けて早く、強大だったことをうかがわせる。大王権がこの地に最初に出現した、と考えないわけにはいかない。

磐余の2基の巨大古墳

六基の巨大古墳の中で、南の二基、桜井茶臼山古墳とメスリ山古墳はさまざまな共通点があり、他の四基と異質なところがある。

その一つはいわゆる磐余の地域にあること。二つ目は、陵墓や陵墓参考地になっていないことだ。

桜井茶臼山《ちゃうすやま》古墳は、昭和二十四、二十五年（一九四九、一九五〇）に、主体部が発掘調査された。後円部の墳頂付近から板石を積み上げた、大きな竪穴式石室が見つかった。幅約一・二メートル、長さ六・七五メートル、何度も盗掘を受けていたが、大木をくり抜いて作った木棺が残存していた。三角縁神獣鏡、内行花文鏡、方格規矩鏡などの古いタイプの鏡の破片も多数出て、各種石製品なども残っていた。

　石製品の中で、碧玉製の「玉杖」が特に注目を集めた。合計四本分が出土、最も残りのいいのは碧玉の芯に鉄の棒を通して連結させていた。長さ五二・一センチあった。見るからに「王

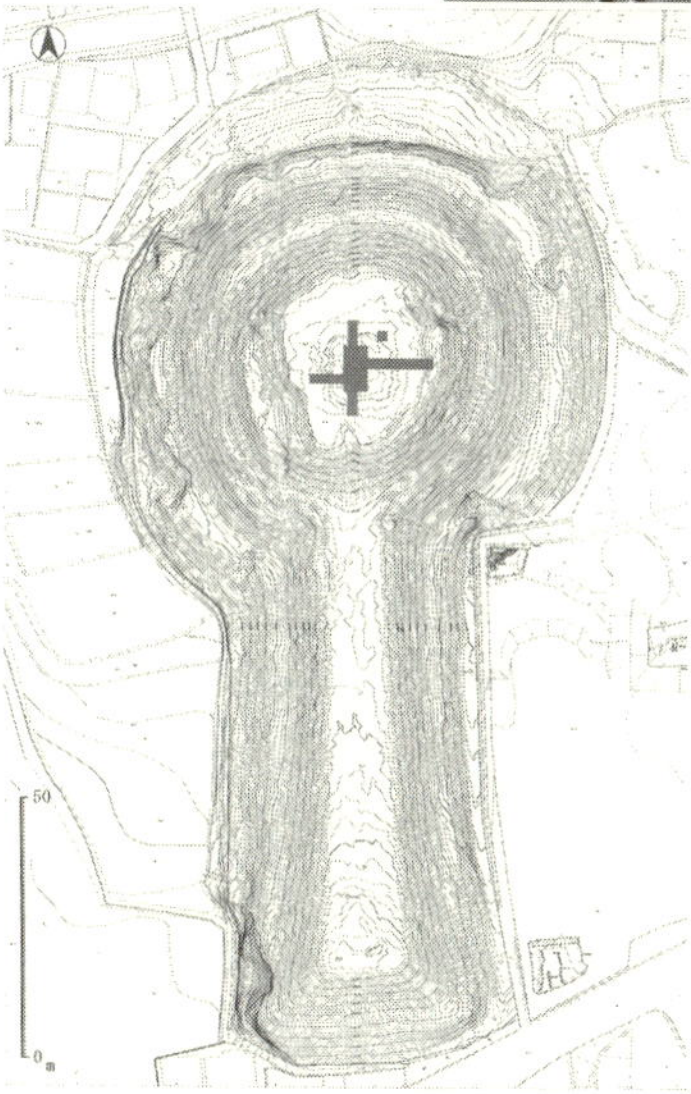

㊤桜井茶臼山古墳（南上空より）＝橿原考古学研究所提供㊦桜井茶臼山古墳墳丘（現地見学会資料「桜井茶臼山古墳の調査」より）

者の持ち物」をほうふつさせる。

　石室の真上にあたる墳頂には、底に穴をうがたれた土師器の壺が方形状に立て並べられていた。底の抜けた壺など、壺の役目を果たさないはずだが、穴は焼成前に開けられたらしい。わざわざ、役立たずの壺をつくって並べていたの

である。埴輪の起源との関わりで注目される。

こんな、考古学徒ならずともワクワクするような発掘成果が、ザクザクと出てきたのである。

埴輪の起源とされる桜井茶臼山古墳の二重口縁壺（橿原考古学研究所附属博物館提供）

60年ぶりの再調査

それから六十年、主体部が再発掘調査された。

独立行政法人・日本学術振興会の科学研究費助成事業「東アジアにおける初期都宮および王墓の考古学的研究」（研究代表者、寺沢薫・橿原考古学研究所総務企画部長〈当時〉）の一つとして、橿原考古学研究所が二〇〇九年一月から実施した。一―三月に予備調査を行い、六月から本調査を開始、石室を六〇年ぶりに開き、保存処理のために木棺を取り出し、十月二十九日から三日間にわたって現地見学会を催した。

予備調査では、後円部墳頂にあった方形区画を詳しく調べた。

昭和の調査で存在が明らかになっていた方

形壇は、土を積み上げて築き、南北一一・七メートル、東西九・二メートルを測ることが確認された（高さは推定一メートル未満）。上面は板石と円い礫《れき》石で化粧されていた。周辺から炭が見つかり、壇の上では火を用いた何らかの儀礼が行われていたことをうかがわせた。

60年ぶりに発掘調査された桜井茶臼山古墳の現地見学会〈2009年10月29日〉

　方形壇の裾《すそ》部に幅約一・四メートルの溝（布掘《ぬのほ》りの掘り方）を掘って、方形壇の周囲を取り囲むように二重口縁壷とともに丸太を並び立てていたことが分かった。古墳調査で前例のない遺構。橿考研は「丸太垣《まるたがき》」と呼んだ。二重口縁壷の存在は昭和の調査で明らかになっていたが、「丸太垣」は再調査で初めて確認された。

　「丸太垣」の規模は南北約一三・八メートル、東西約一一・三メートル。立て並べられた丸太の太さは直径三〇センチ前後。方形壇の周囲全体を巡ることが確認され、用いられた丸太は約一五〇本と推定された。土に埋め込まれた根元の部分は一・三メートル程度、二倍程度が地上に出ていたものと推測された。背丈をはるかに超え、高さ三《メートル》近くもある丸太の垣が古墳の後円部頂上に構築されていたことになる。

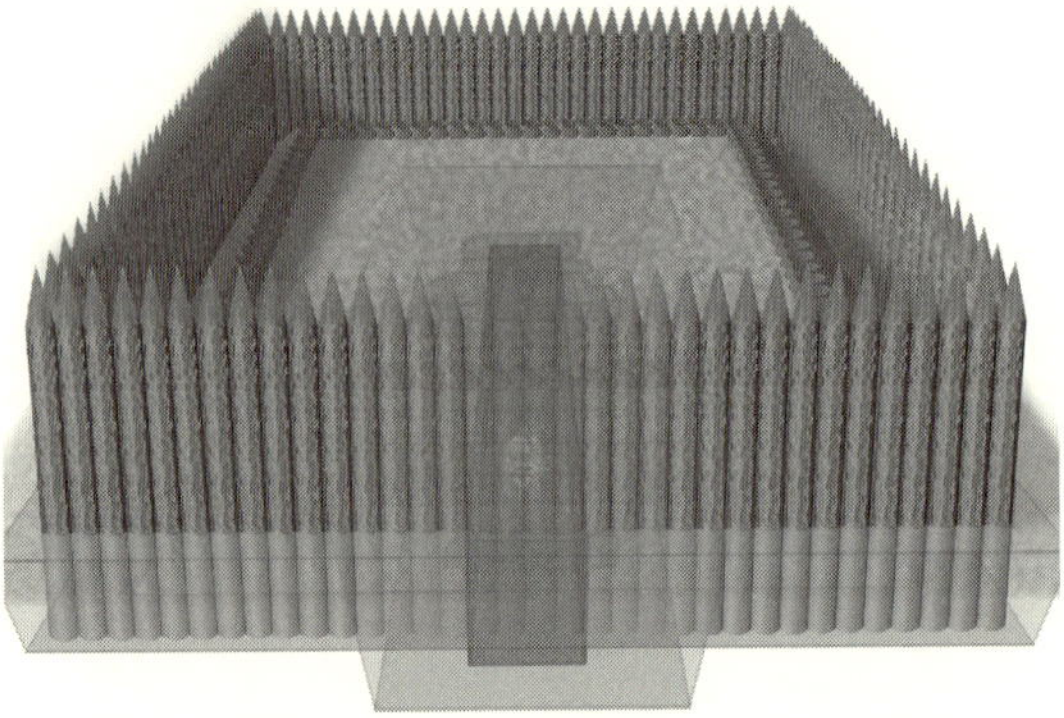

丸太垣の推定復元図（橿原考古学研究所提供）

単なる土留め施設か、方形区画内で行われた何らかの祭祀儀礼と関係する結界施設だったのか、あるいは屋根がある覆屋施設だったのか、古墳埋葬の方法や思想を考える上で新たな謎を提起することになった。

竪穴式石室は、六月からの本調査で再発掘された。後円部の中央部、方形基壇のま下に築かれていた。自然の尾根を利用して造った古墳らしく、岩盤を削って南北約一一《メートル》、東西約四・八《メートル》、深さ約二・九《メートル》の長方形の墓壙を造り、その内側に板石を積み上げて石室を構築していた。

石室の規模は、南北長六・七五《メートル》、幅一・二七《メートル》（北端部）、高さ約一・六《メートル》。

基底部は板石を二、三重に敷き詰めて舗装、粘土を置いて木棺を安置していた。天井は、一二個の巨大な天井石を架け渡して造っていた。最も大きな天井石は長さ二・七五《メートル》、幅七六《センチ》、厚さ二七《センチ》、推定重量一・五《トン》というものだった。

積み上げた板石と天井石には、隠れて見えなくなる裏側なども含め全面に水銀朱が塗り込められていた。用いられた水銀朱は二〇〇キロ以上に上ると推定された。

天井石を覆っていた粘土には、赤色顔料のベンガラが練り込まれ、それはまさに「赤の石室」だったことが改めて確認された。

一二枚の天井石のうち、木棺搬出のために取り外された南の三石は、岩石の産地に詳しい奥田尚氏（橿原考古学研究所員）によって、大阪府柏原市の芝山の安山岩、大阪府羽曳野市の春日山の安山岩、それに淡路島南方の小島である沼島《ぬしま》（南あわじ市）の片岩と鑑定された。石材の一部は海をわたって運ばれたことが明らかになった。

木棺は、腐朽と盗掘による損傷で原型を失っていたが、報告書からうかがえる六〇年前の状態とはさほど変わらず、予想された以上に良く残っていた。長さ四・八メートル、幅七五

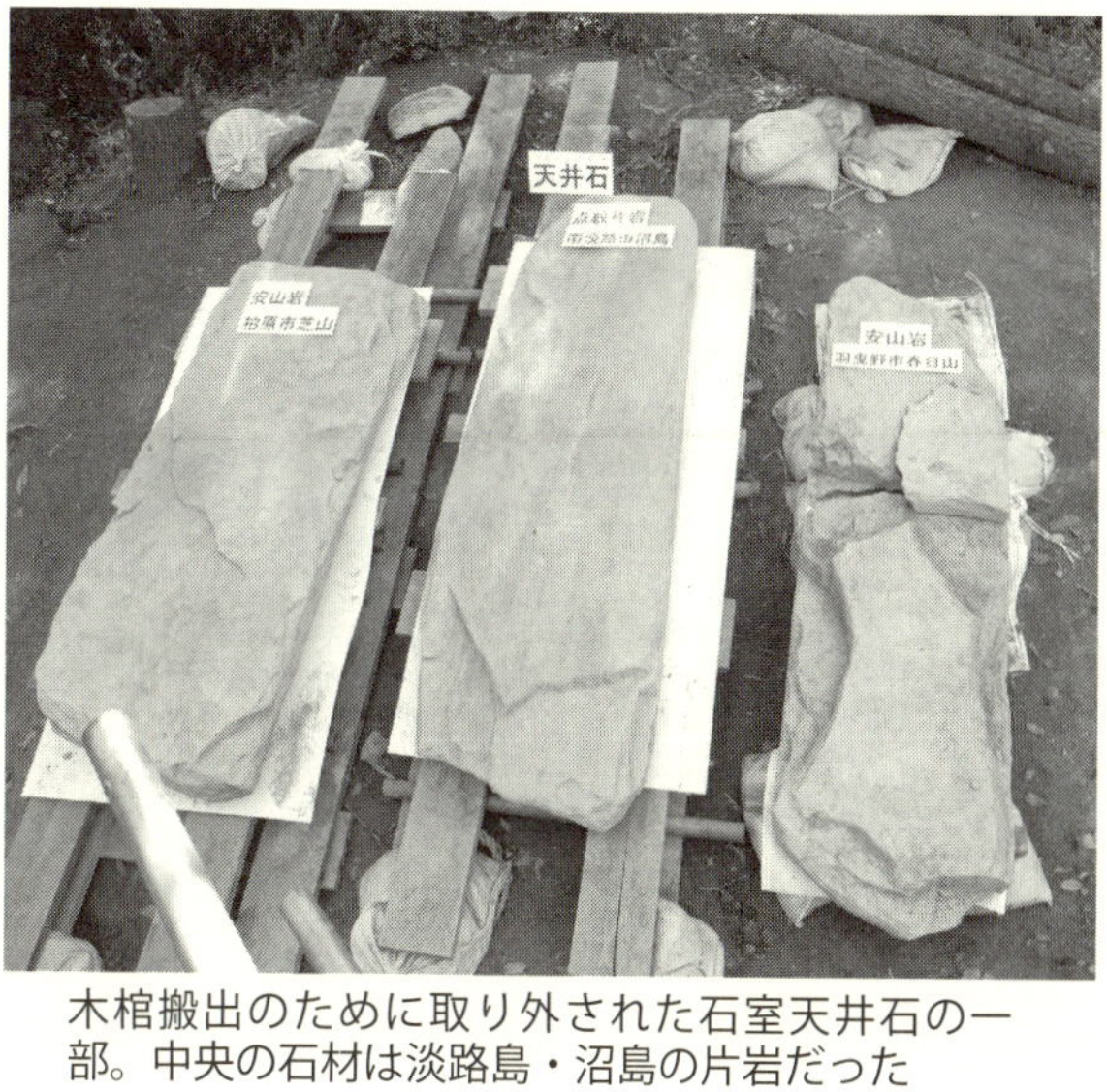

木棺搬出のために取り外された石室天井石の一部。中央の石材は淡路島・沼島の片岩だった

センチの長大なものだった。厚さは最大二七センチあった。使用木材は六〇年前の調査時にはトガとみられていたが、この時期の棺材によく用いられるコウヤマキであることが確認された。

赤の石室・81面の鏡

茶臼山古墳の再調査は、陵墓指定を受けて発掘調査のメスが入れられない多くの巨大古墳の実態を推し測る重要データを改めて得ることになった。巨大古墳は、その規模に比例してその内容も豪華であることを、改めてまざまざと見せつけた。

例えば、石室上方に築かれた方形壇、それをとり巻く二重口縁壺の列と高さ三メートル近い「丸太垣」は、他に発掘例がない、豪壮で神秘的な施設といえる。

石室は「赤の石室」だった。水銀朱を古墳に用いる例は中国やエジプトにもあり、日本の古墳でも例は多いが、茶臼山の場合は使用量がケタ外れ。金よりも高価だったといわれる水銀朱を惜しげもなく使用していた。

確認された銅鏡八一面という数字も驚くほかない。銅鏡大量埋納の例は、平原遺跡1号墳（福岡県糸島市）の四〇面、椿井大塚山古墳（京都府木津川市）の三六面以上、黒塚古墳（奈良県天理市）の三四面などだった。

茶臼山古墳の場合は、種類を特定できない破片がまだ大量にあり、実際の埋納枚数は一〇〇面を超えていた可能性が高いといわれる。特定できた鏡の総数は、六〇年前の調査時に出土した破片五十三点分と合わせて、少なくとも一一種八一面。一一種類の鏡の名称と確認できた面数は別表の通り。

桜井茶臼山古墳の各種鏡片
（橿原考古学研究所附属博物館提供）

桜井茶臼山古墳の出土鏡一覧（２０１０年１月現在）

三《さん》角《かく》縁《えん》神《しん》獣《じゅう》鏡《きょう》	26 面（３２%）
神《しん》獣《じゅう》鏡《きょう》類	16 面（２０%）
仿《ぼう》製《せい》内《ない》行《こう》花《か》文《もん》鏡《きょう》	10 面（１２.３%）
内《ない》行《こう》花《か》文《もん》鏡《きょう》	９面（１１.１%）
半《はん》肉《にく》彫《ぼり》獣《じゅう》帯《たい》鏡《きょう》	５面（６.１%）
環《かん》状《じょう》乳《にゅう》神《しん》獣《じゅう》鏡《きょう》	４面（４.９%）
鼉《だ》龍《りゅう》鏡《きょう》	４面（４.９%）
細《さい》線《せん》獣《じゅう》帯《たい》鏡《きょう》	３面（３.７%）
方《ほう》格《かく》規《き》矩《く》鏡《きょう》	２面（２.５%）
単《たん》夔《き》鏡《きょう》	１面（１.２%）
盤《ばん》龍《りゅう》鏡《きょう》	１面（１.２%）
	計８１面

再調査は、「大きな古墳には多くの鏡」というごく単純な公式を、改めて証明することになった、ともいえる。陵墓に指定されて発掘調査できない前期の巨大古墳に、どれほど

多くの銅鏡が埋納されている（た）か、改めて想像をめぐらす契機にもなった。

三角縁神獣鏡は二六面、およそ三分の一を占めた。うち一面は、群馬県高崎市の蟹沢古墳の出土鏡と同笵鏡《どうはんきょう》（同じ鋳型から作られた鏡）だった。これは、三次元計測で、小さな破片にあった「是」の字がピッタリ一致したことから分かった。蟹沢古墳出土鏡には「正始元年陳是作…」の銘文が入っており、魏の年号の正始元年（二四〇年）に作られた鏡とされる。同年は、卑弥呼が派遣した使者が帰国した年であり、邪馬台国との関係で特に注目される三角縁神獣鏡だ。

メスリ山古墳の発掘

メスリ山古墳は、茶臼山古墳に続いて造営されたとみられる前期の大型前方後円墳。

メスリ山古墳（桜井市高田）

全長二二四メートル（桜井市による第四次調査で二五〇メートル以上と推定されるようになった）、後円部径一二八メートル、前方部幅八〇メートル、後円部の高さ一九メートルを測る。

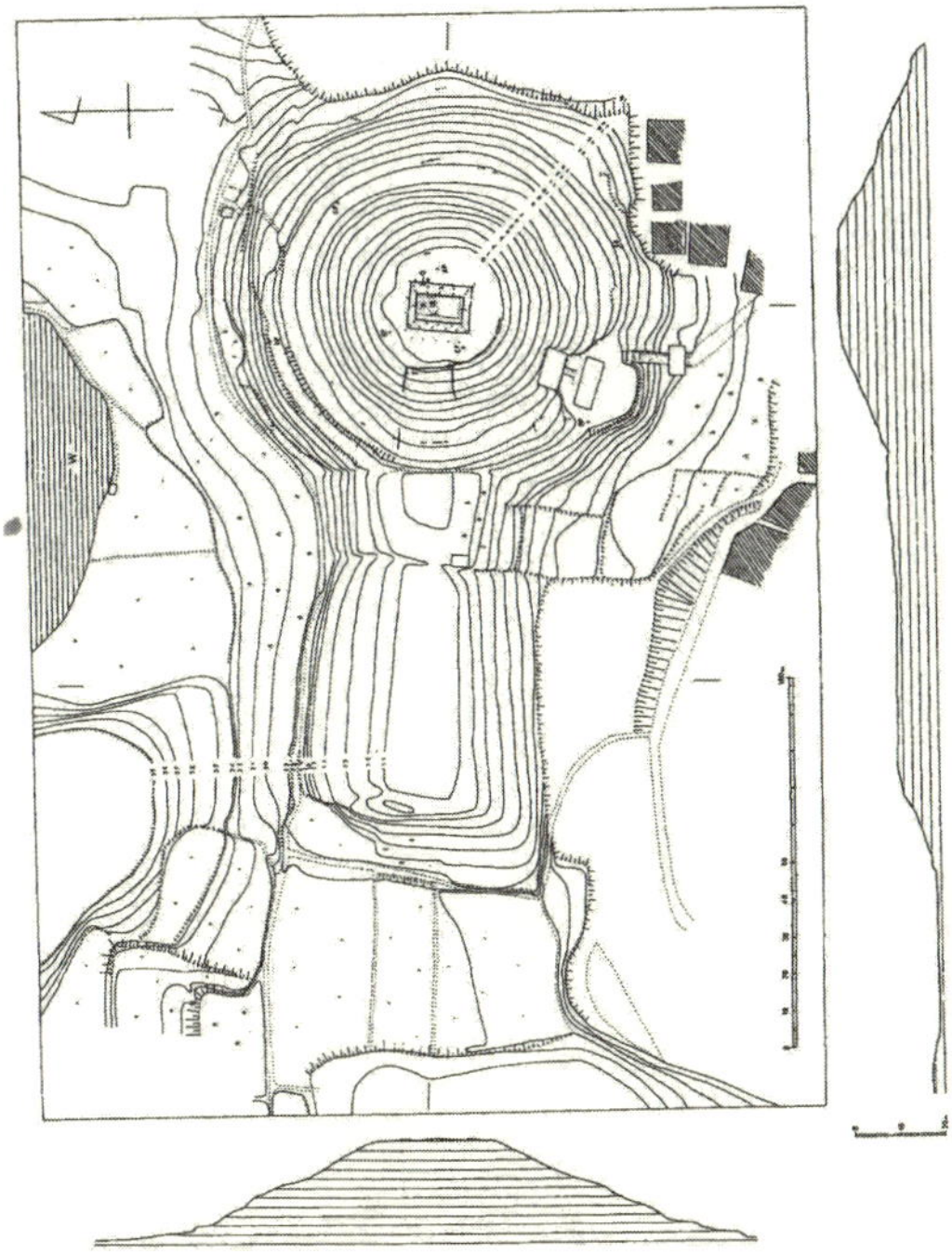

墳丘測量図（橿原考古学研究所附属博物館『巨大埴輪とイワレの王墓』より

昭和三十四年（一九五九）から元橿原考古学研究所員の伊達宗泰さん（当時は奈良学芸大附属中学校教諭、後に花園大学教授）によって発掘調査が実施された。

最初に、後円部中央部の埋葬施設に調査のメスが入れられた。円筒埴輪を二重に整然と立て並べた長方形の区画があり、その内側に板石を小口積みにして造った竪穴式石室があった。

方形区画は東西一〇・二メートル、南北一五・二メートル。立て並べられた円筒埴輪は、外側が一〇六本、内側が六九本を数えた。また、二重の埴輪列の間にも高杯形埴輪を含めて二一本の埴輪が

石室と埴輪の配列＝復元イラスト（橿原考古学研究所附属博物館提供）

立てられていた。埴輪は土に埋まった部分だけが残っているばかりだったが、「華麗にして荘厳な配置」（報告書より）だった。

　埴輪は後に、奈良教育大学の赤塚次郎氏、脇田宗孝氏、桜井市陶芸クラブ員、奈良芸術短期大学などの努力によって復元された。最大のものは高さ二・四メートルもあった。太さは最大直径約九六センチ。その巨大さが人々を驚かせた。

　埴輪列の内側にあった竪穴式石室（主室）は長さ八・〇六メートル、幅一・三五～一・一八メートル、高さは一・七六メートル。盗掘のため著しく破壊されていた。出土品は勾玉、管玉のほか、腕輪形、容器形、椅子形、櫛形などの石製品、鉄刀片などの鉄製武器、三角縁神獣鏡と内行花文鏡の破片などだった。

　主室の四・七五メートル東側に並行して長さ六メートル、幅七二センチの副室を築いていた。未盗掘でおびただしい量の副葬品が出土した。

　最も目立ったのは武器類だった。鉄製武具

の中に、他に出土例のない「鉄の弓」があった。全長一八二センチ、弦《つる》も鉄製だった。矢羽《やばね》

発掘された副室の全景（橿原考古学研究所提供）

まで鉄で作った鉄製矢は五本あった。鉄製の槍先は二一二本以上、鉄刀は約二〇本。また、鉄製農工具は斧《おの》、鑿《のみ》、鉇《やりがんな》、鋸《のこぎり》、刀子《とうす》、手鎌《てかま》、針状工具などがあった。銅鏃《ぞく》は一三六本、槍先は二一二本。さらに石製品の玉杖《ぎょくじょう》は四本分。石製鏃は五〇本あった。

被葬者は阿倍氏の遠祖か

長さ二〇〇メートルを超えるような巨大古墳の多くは、天皇陵、皇后陵、あるいは陵墓参考地に指定され宮内庁が管理、立ち入りが厳しく制限されていることから、埋葬主体部の発掘調査例は極めて少ない。

そうした中で、桜井茶臼山古墳とメスリ山古墳はともに、陵墓に指定されていない希有な前期巨大古墳だ。しかも、大和盆地東南部の大王権が出現した地の一角にある二基の古墳の発掘成果は、三輪山のふもとに誕生したわが国最初の本格王権の姿の一端をいまに語りかけているはずである。

茶臼山古墳とメスリ山古墳にはどのような人物が葬られたのだろうか。大和平野東南部、三輪山周辺地域に形成された列島最初の大王権―初期ヤマト王権に関わった人物であることは間違いないところだろうが、大王か、そうでなかったのか。日本国家の起源を考える上で重大なキーを握る。

三輪山周辺地域に築かれた六基の巨大前方後円墳を初期ヤマト王権に関わった有力者の墳墓とみる考え方は研究者の間で一致している。というより、次々と造営されたこれら六基の巨大古墳が集中して存在すること自体が、列島最初の大王権としての初期ヤマト王権がこの地に興《おこ》ったことを示すモニュメントと考えていい。

六基の古墳の性格をどう考えるか。それぞれの古墳の被葬者がヤマト王権内でどのような立場にあったか、については見解が分かれるところだ。

白石太一郎氏（大阪府立近つ飛鳥博物館名誉館長）は、六基の築造順を箸墓―西殿塚―茶臼山―メスリ山―行燈山―渋谷向山として、それぞれに年代差を認め、六基いずれも「各地の政治勢力の連合体である初期ヤマト王権の盟主墓」と考える。

つまり、前方部が広がらない「柄鏡形《えかがみ》」で他の四基の「撥形《ばち》」とは異なる茶臼山、メスリ山の両古墳についても大王墓に加えて考える。「前方後円墳の形態変遷もこの二基を介してこそスムーズに変遷過程をあとづけられる」とする。

白石氏は、再発掘された茶臼山古墳の石室を目のあたりにして、「大量の朱を用いて、非常に丁寧に石室を造りあげており、さすが王墓という印象だ」（朝日新聞）と感想を話した。また、八一面の銅鏡の副葬が確認されたことについては、「他を圧倒する枚数や多様性があり、大王の古墳であることがはっきりした」（毎日新聞）とした。

白石氏と同じように、茶臼山、メスリ山も含めて六基を大王墓と考えるのは、天野朱喜氏、伊達宗泰氏（故人）、森浩一氏（故人）、天野晴吾氏、福永伸哉氏ら。

森浩一氏（故人）は、茶臼山の再発掘時、「これだけ丁寧に板石を積み上げた石室は見たことがない」（朝日新聞）、「こんな立派な竪穴式石室。大王に間違いない」（奈良新聞）などとコメントした。

一方、広瀬和雄氏（国立歴史民俗博物館教授）は、▽他の四基と離れたところに立地▽周濠《しゅうごう》がなくビジュアル性に欠ける▽陪墳《ばいふん》群がみられない▽記紀や『延喜式《えんぎしき》』に陵墓として の所伝がない――などの理由で、茶臼山とメスリ山を大王墓の系列から除外する。「大王ときわめて親縁的な関係にあったものの傍系的な人格」（『前方後円墳国家』）とみなす。

石野博信氏は、六基の築造順について、箸墓に次いで西殿塚と茶臼山がほぼ同時期に、次いで渋谷向山とメスリ山がほぼ同時期に造られ、遅れて行燈山が築造されたと考える。他を圧倒する規模の古墳が併立する時期があった、つまり系列が一系列でなかった可能性や大王機能の分担並存があった可能性などを考える。その上で、桜井茶臼山の被葬者は大王一族ではない別の有力者だった可能性がある」（朝日新聞）との見解を述べている。

塚口義信氏（堺女子短大名誉大学長）は大王墓説には否定的な考え方に立ち、崇神天皇が派遣した「四道将軍」の一人で北陸道に派遣された大彦命《おおびとのみこと》を茶臼山古墳の被葬者と考える。そして、メスリ山古墳の被葬者を大彦命の息子で東海道に派遣された武渟川別命《たけぬなかわわけのみこと》とみる。二つの古墳を「初期ヤマト政権時代に活躍した政権内最高の権臣たちの奥津城」（『三輪山の古代史』＝学生社）と考える。

『古事記』崇神段によると、北陸道と東海道を別々に進んだ大彦命と武渟川別命の父子は陸奥《むつ》の会津《あいづ》（福島県）で再会、それが会津の地名のもととなったと伝承する。そして二人は、古代の大豪族、阿倍（安倍）氏の祖とされる。

メスリ山古墳はその阿倍氏の本拠地、七世紀代に安倍寺が営まれる阿部丘陵のまん中に

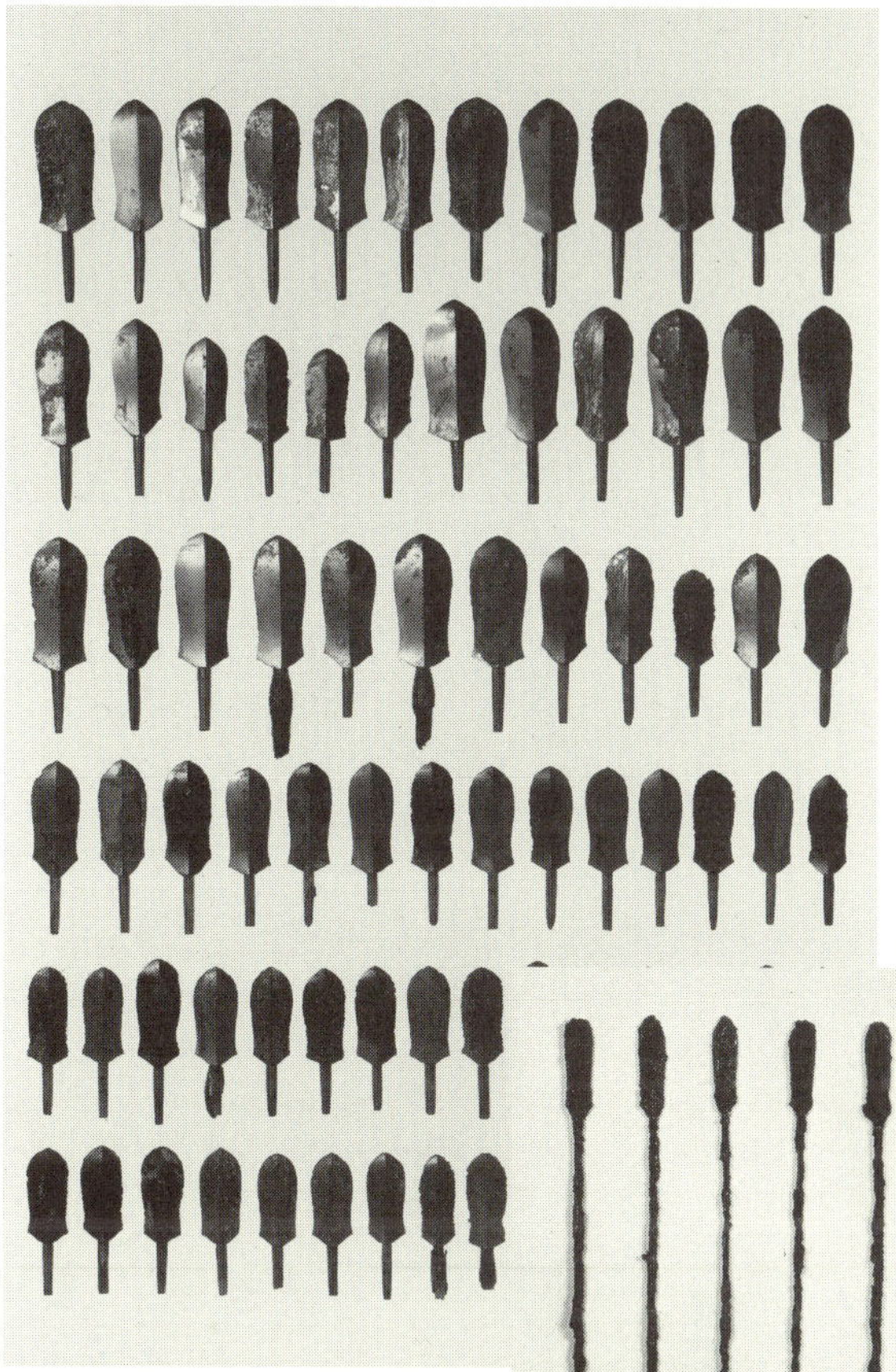

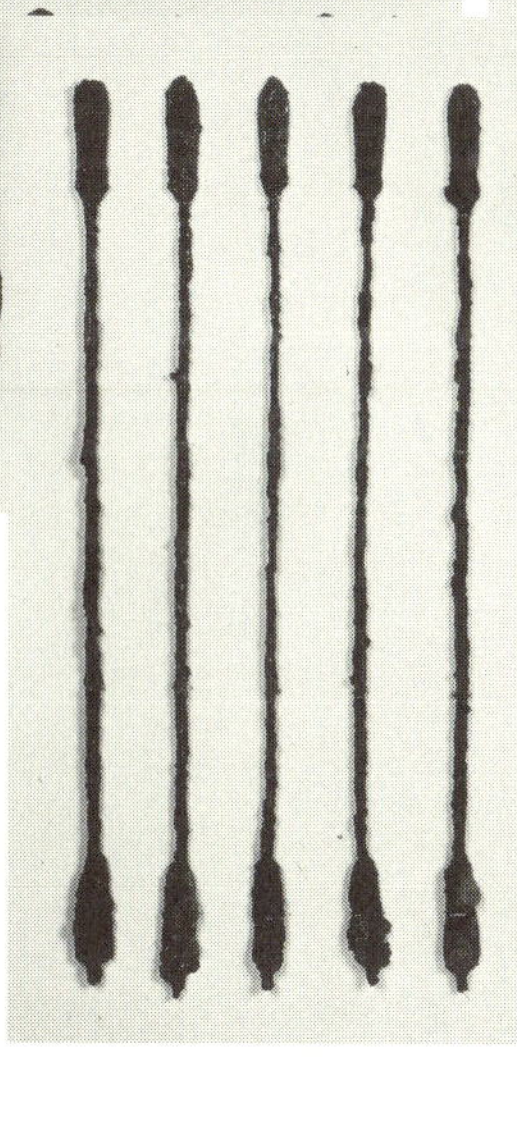

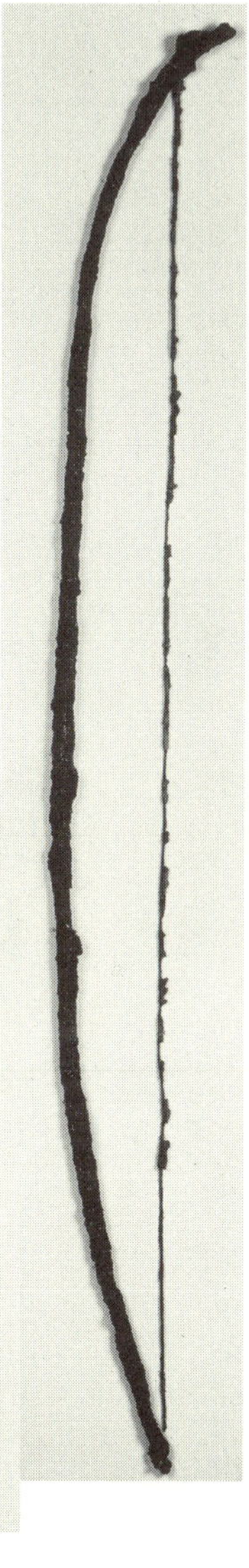

メスリ山古墳は武器類の副葬が目立った。㊨鉄製の弓矢と㊤銅鏃（橿原考古学研究所附属博物館提供）

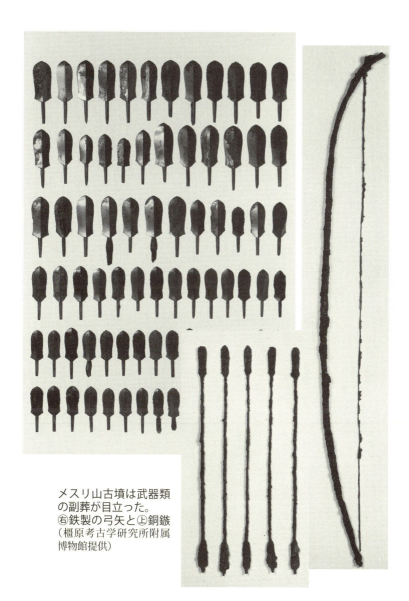

ある。鉄弓をはじめ大量の鉄製武具の出土は、「武人の墓」「将軍の墓」にふさわしい遺品だった。

埼玉県行田市の稲荷山古墳出土の一一五文字の金象眼《きんぞうがん》銘文に、ヲワケノオミ（乎獲居臣＝古墳の被葬者で鉄剣の所有者だったと考えられる）の上祖として記されていたオオビコ（意冨比垝）は、記紀にみえる四道将軍の大彦命にあたるという見解がある。その通りであれば、大和朝廷の東国戦略の経緯、大彦命や武渟川別命の子孫の東国統治について考える上でまことに興味深いデータといえる。

古代氏族研究家で『古代氏族の研究』シリーズや『巨大古墳と古代王統譜』（いずれも青垣出版）の著書がある宝賀寿男氏も、茶臼山とメスリ山は阿部氏と関係する古墳とみる。メスリ山の方は塚口氏と同様に武渟川別命を被葬者と考える。一方、茶臼山の方は武渟川別命の姉妹で崇神天皇の皇后となったとされる御間城《みまき》姫の陵墓とする。

根拠としては、メスリ山の出土品は武人的性格を示唆し、茶臼山の銅鏡などの副葬品は

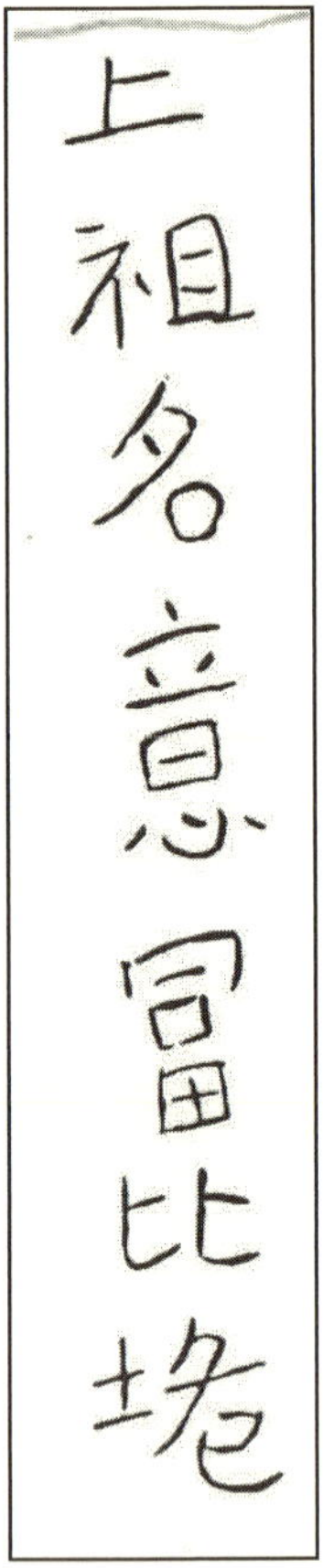

埼玉・稲荷山古墳出土鉄剣銘中にみえる「上祖名意冨比垝」（上祖の名はオオビコ）＝稲埼玉県教育委員会編『稲荷山古墳出土鉄嵌銘概報』より）

被葬者が女性であることを示唆することなどを上げ、六基の巨大古墳の各被葬者を検討して推論する。なお、箸中山古墳の被葬者は崇神天皇とみなし、武渟川別と御間城姫の父である大彦命の墓は纒向遺跡内の勝山古墳とみる。

東海地方とのつながり

茶臼山古墳の北四〇〇メートル《メートル》にある城嶋《しきしま》遺跡外山下田《とびしもだ》地区から、昭和五十九年（一九八四）茶臼山古墳築造の時期とほぼ同時期とみられる長柄鋤《すき》約四〇本、鍬《くわ》約二〇本、天秤棒《てんびんぼう》九本などの木製工具が出土した。茶臼山古墳の築造に関わった人たちの飯場的様相の強い遺跡との見方が強い。

現場は、粟原川と初瀬川にはさまれた平坦地、「敷島の大和」のシキの地だ。注目されたのはいっしょに出土した大量の土器。外来系の土器が目立ち、そのうちのおよそ半分はS字口縁甕など東海系が占めた。次いで山陰系や北陸系が多く、大和、河内、吉備などは少ないという纒向遺跡や箸墓古墳の周濠からの出土土器と同じ傾向を示した。

このことは、茶臼山古墳の築造に多くの東海地方の人々が関わっていたことを示している。東海地方の人々が古墳づくりに積極的に参加する何らかの理由があったのか、それとも強制的に使役されたのか、のいずれかと考えていい。纒向と茶臼山とはともに東海地方と強い関わりをもつということについても改めて示している。

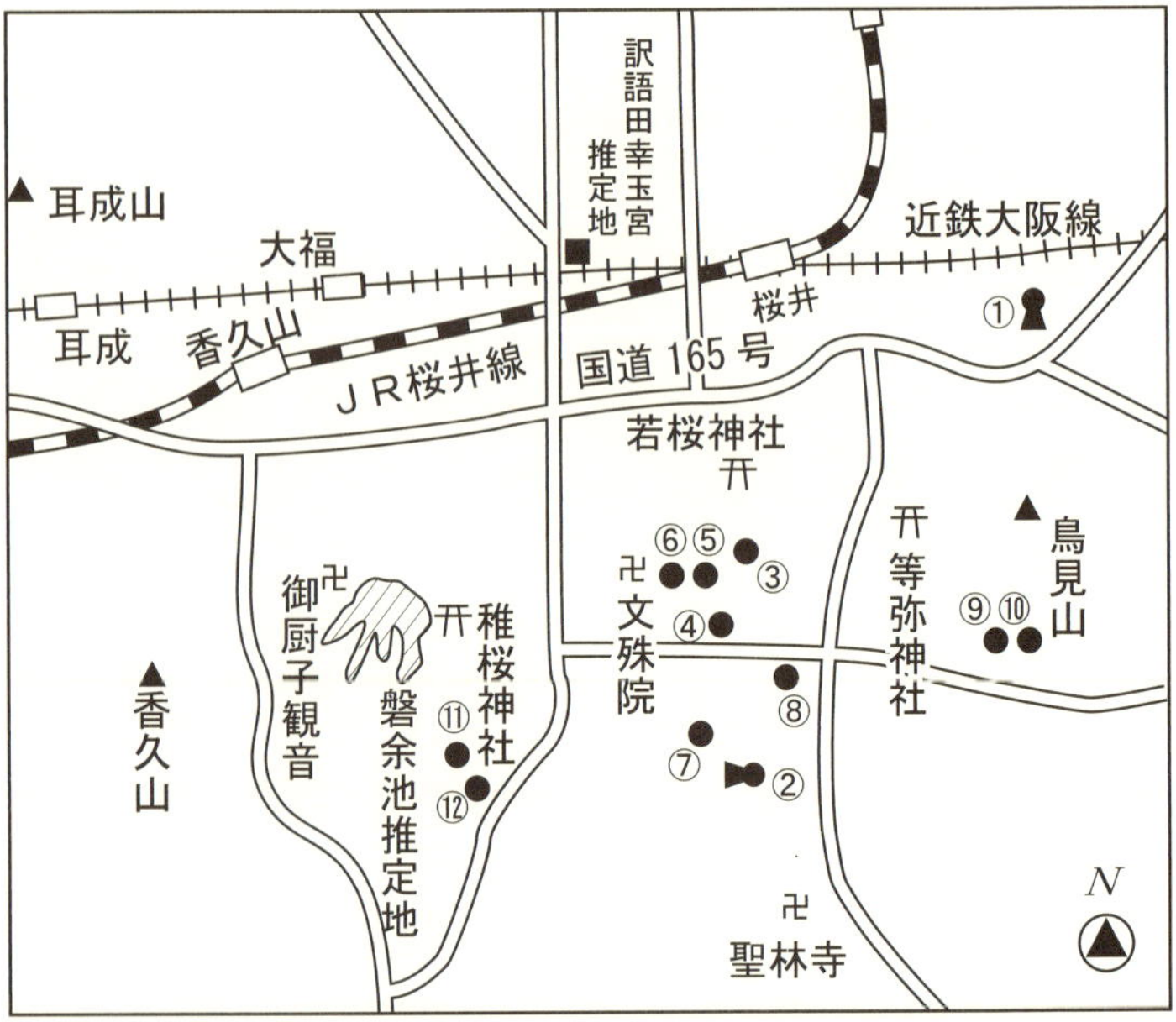

磐余の古墳

①桜井茶臼山古墳	②メスリ山古墳	③艸墓古墳
④谷首古墳	⑤文殊院東古墳	⑥文殊院西古墳
⑦コロコロ山古墳	⑧兜塚古墳	⑨秋殿古墳
⑩舞谷２号墳	⑪池之内古墳群	⑫小立古墳

磐余の古墳②

阿部丘陵の古墳

艸墓《くさはか》（カラト）古墳（桜井市谷）

艸墓古墳（桜井市教育委員会提供）

安倍文殊院のある丘陵の東斜面南端にある、一辺二四メートル、高さ七メートルの方墳。花崗岩の巨石で築成された横穴式石室が南東に開口する。玄室は長さ四・五メートル、幅二・八メートル、高さ二メートル、石材間に漆喰が残る。長さ八・八メートルの羨道がつく。

玄室中央に凝灰岩（竜山石）製の刳抜《くりぬき》式家形石棺。蓋《ふた》は幅八〇センチ、長さ二四八センチ。棺身と蓋の高さを合わせると一六一センチ。不思議なことに羨道の高さ（一五〇センチ）より高い。どうして入れたのか謎とされる。七世紀第3四半期の築造とみられる。国史跡。

谷首《たにくび》古墳（桜井市阿部）

安倍文殊院の

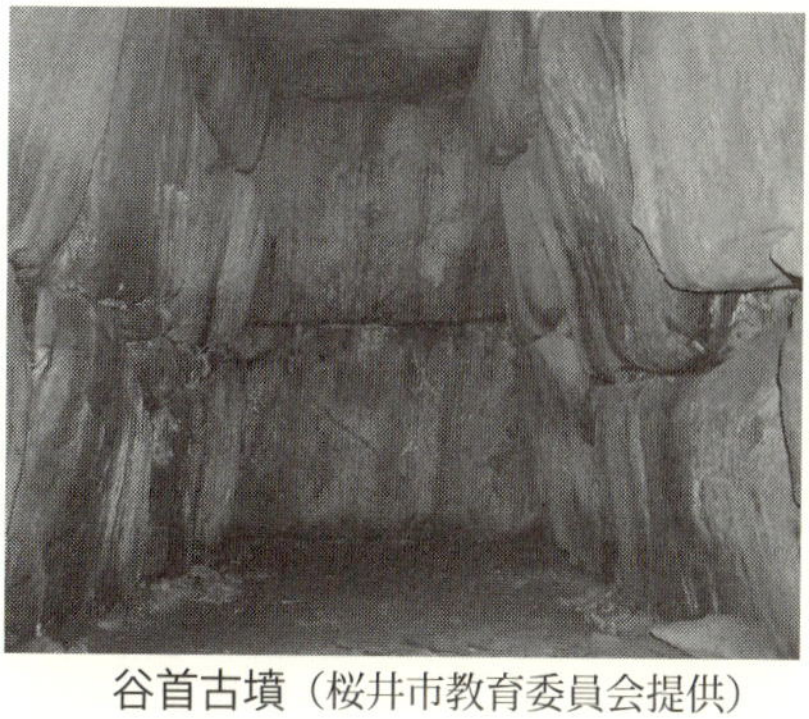

谷首古墳（桜井市教育委員会提供）

東南にある。一辺約四〇メートル、高さ約八メートルの方墳。花崗岩の巨石を積む横穴式石室が南に開口する。玄室は長さ約六メートル、幅一・七メートル。高さ四メートル、長さ七・八メートルの羨道が取り付く。石舞台古墳とも並ぶ大きな規模の巨石墳である。六世紀末から七世紀初頭の築造と推定されている。県史跡。

文殊院東古墳

文殊院東《もんじゅいんひがし》古墳（桜井市阿部）

文殊院境内地にある。花崗岩を用いた横穴式石室が南に開口する。玄室は長さ四・八メートル、幅二・三メートル、高さ二・四メートル。羨道は長さ五・五メートル以上。玄室に不動明王像を祀り、羨道には井戸がある。井戸から湧く加持水（知恵水）で習字をすれば上達が速いとされる。

文殊院西《もんじゅいんにし》古墳（桜井市阿部）

文殊院境内、本堂に近い斜面にある。花崗岩の切石で作った横穴式石室が南に開口、国内で最も整美な切石積みの横穴式石室として知られる。国特別史跡。

玄室は長さ五・一メートル、幅二・八五メートル、高さ二・七メートル。長方形の切石を互時に積み重ね、一枚の天井石で覆う。羨道は長さ七・三メートル、三枚の天井石で覆う。横長の石材に縦線を刻み込んで同じ大きさの石材を用いたように

整美な切石を用いた文殊院西古墳

見せかけたり、石材の間に漆喰を塗り込んだり、精緻な技法をこらしている。

七世紀中ごろから第3四半期のうちに築造されたとみられる終末期古墳であり、大化改新後に左大臣になり、大化五年（七五〇）に死去した阿倍倉梯麻呂《あべのくらはしまろ》が被葬者との説が強い。

コロコロ山古墳（桜井市阿部）

コロコロ山古墳（移転後）

一辺三〇メートルの方墳、メスリ山古墳のすぐ北側にあった。花崗岩の横穴式石室があるが、玄室の天井石が抜き取られ上半分が失われていた。西約二〇〇メートルに移設された。

兜塚《かぶとづか》古墳（桜井市浅古）

全長四五メートルの前方後円墳。昭和二十九年に

兜塚古墳（石棺の蓋）

発掘調査、扁平な河原石を積み上げた竪穴式石室痕があったが大方が壊されていた。阿蘇溶結凝灰岩製で、左右に二個ずつ縄掛突起のつく刳抜《くりぬき》式家形石棺（長さ約二・一メートル）が残る。

秋殿古墳（桜井市浅古）

秋殿古墳

阿部丘陵からはや離れ、鳥見山から南に派生した尾根の南端

にある。一辺二一メートルの方墳で、切石に近い花崗岩で築いた横穴式石室が南に開口する。玄室は長さ約四・六メートル、幅、高さとも二・二メートル。岩屋式石室にやや先行するとみられ、七世紀初頭の築造と推定されている。

舞谷2号墳（桜井市浅古）

秋殿古墳のすぐ東側にある。榛原石の板石を積み上げて磚槨《せんかく》式の石室を構築している。いわゆる横口式石槨をもつ終末期古墳で、表面には漆喰を塗っている。時期的には、艸墓古墳、文殊院西・東古墳などとほぼ同じ七世紀中葉とみられている。

磚槨式石室は三基で確認されているが、百済系石工集団によって造られたとの見方がある。

阿部丘陵の古墳には、花崗岩を積み上げた立派な横穴式石室をもつものが目立つ。全国的にも最も精緻な横穴式石室をもつ文殊院西古墳の被葬者は、確定はしていないが、大化五年死去した左大臣の阿倍倉梯麻呂とみられるように、阿倍丘陵のりっぱな古墳は阿倍（安倍）氏との関係を無視できない。

被葬者がはっきりしている古墳はないが、付近一帯は桜井茶臼山古墳やメスリ山古墳の時代から阿倍氏の本拠地とみられ、六―七世紀の後期古墳や終末期古墳の多くは阿倍（安倍）氏に関係するものとみて間違いないだろう。ただ、飛鳥時代に安倍氏が際立って頭角を現わす以前に造られた古墳も多くある。

磐余の古墳③

池之内古墳群

桜井市池之内の丘陵上に築かれた直径二〇メートル前後の円墳群。昭和四十五年（一九七〇）、旧県立農業大学校（現なら食と農の魅力創造国際大学校）建設のために七基が調査された。古墳時代前期中ごろから中期初頭（四世紀後半〜五世紀初頭）に築造されたものが多く、大方は木棺直葬の簡単な埋葬施設だったが、五面の鏡をはじめ各種の石製品、玉、武器類など豊富な副葬品が出土した。

鏡、鉄製武具、鉄製工具をはじめ豊富な副葬品は、メスリ山古墳の副葬品と共通性が多い。貴重な磐余の前期古墳である。

池之内1号墳

長径一四メートル、短径一〇メートルの円墳。墳頂部に二基の木棺直葬施設。内行花文鏡《ないこうかもん》一面、四区渦文《かもん》鏡二面、石釧《いしくしろ》五個、管玉《すがたま》、ガラス小玉、石杵《いしきね》などが出土。鉄製武器はなく、被葬者は女性か？

池之内１号墳出土の鏡、玉石製品
（橿原考古学研究所附属博物館提供）

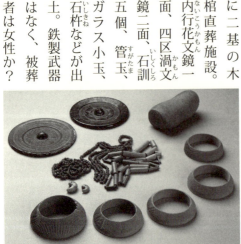

池之内2号墳
割竹形木棺を納めた粘土槨をもっていた。鏃、土師器、埴輪が出た。

池之内3号墳
粘土槨。埴輪石訓、工具、刀、鏃が出土。

池之内4号墳
径一〇メートル。土師器、埴輪が出土。

池之内5号墳
径一四メートルの円墳。木棺直葬の墓壙《ぼこう》が四基あり、走獣験獣獣面鏡一面、三角縁龍虎鏡一面、小型珠文鏡のほか、鉄刀、櫛、短甲、鉄鏃、鉄斧、刀子、剣、石訓、琴柱形《ことじがた》石製品、紡錘車形石製品、筒型銅器、勾玉、各種玉類など豊富な副葬品が見つかった。鏡、玉、鉄製武器がそろい、短甲も出土した。

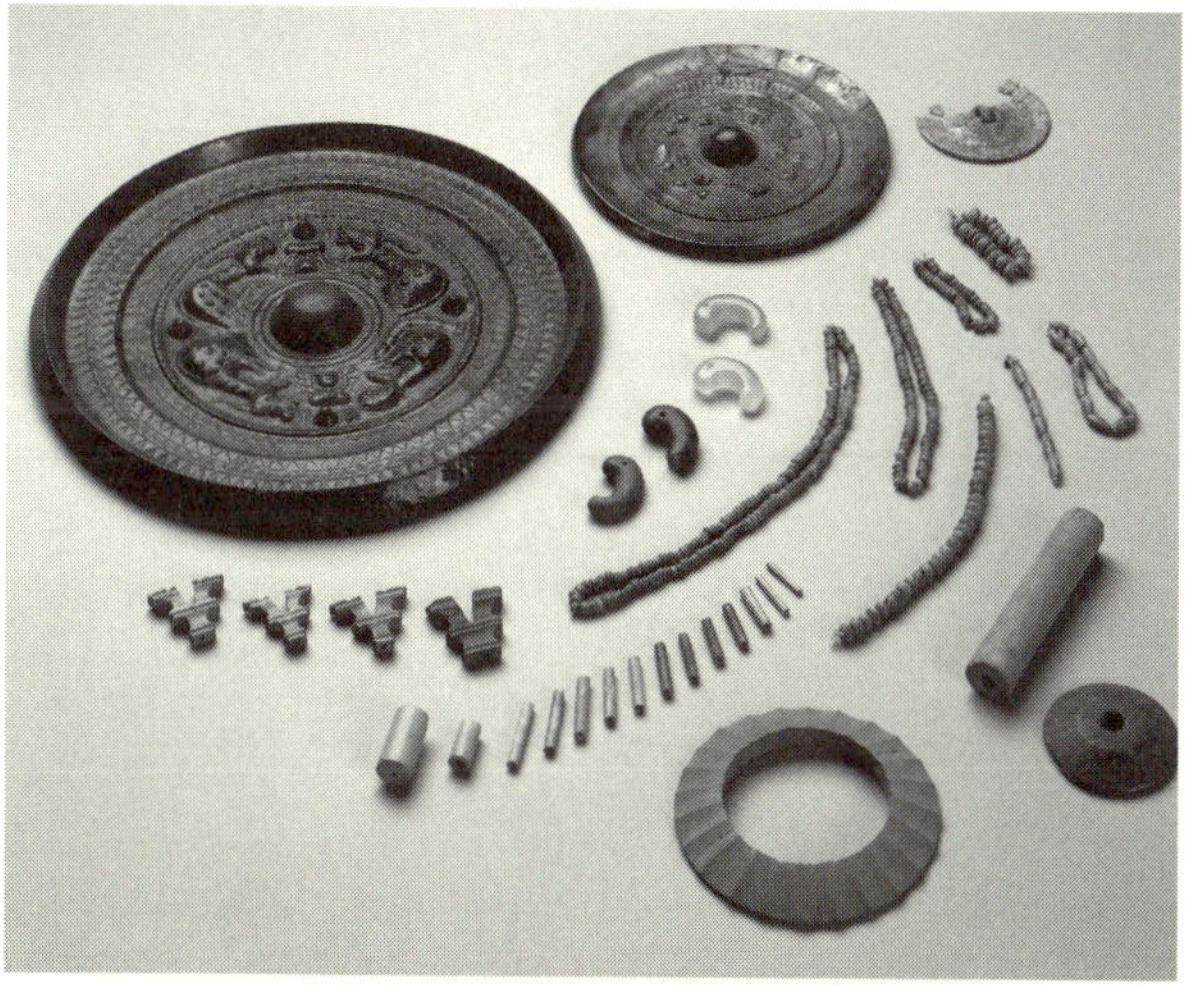
池之内５号墳出土の鏡、玉、石製品
（橿原考古学研究所附属博物館提供）

池之内6号墳

木棺直葬。工具、刀、鏃が出土。

池之内7号墳

径一五メートルの円墳。二基の木棺直葬施設。東棺からは、素環頭鉄刀など六振の鉄刀剣と一振の短剣。鉄鏃と石製鏃も出土。西棺からは五振の短剣（槍先）。

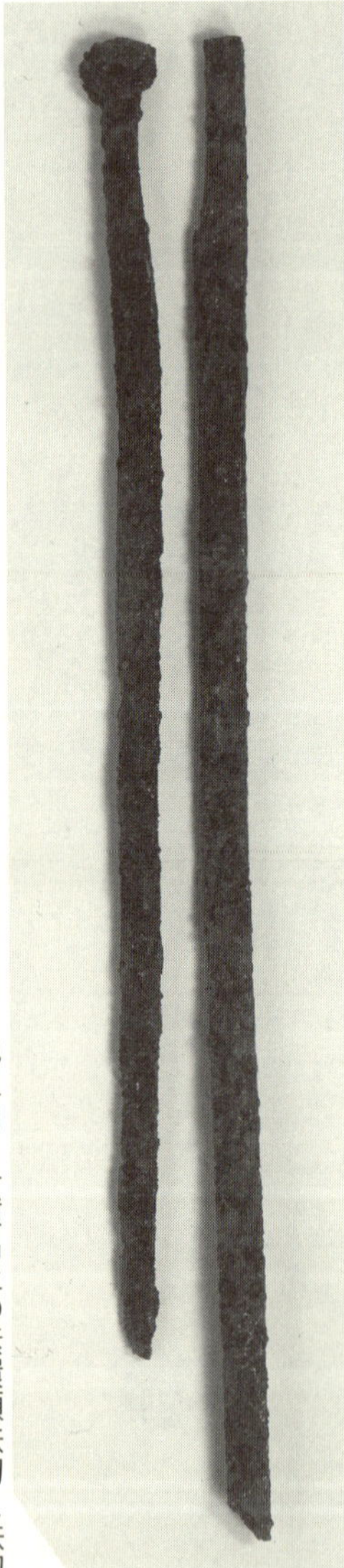

池之内7号墳出土の素環頭鉄刀と鉄刀
（橿原考古学研究所附属博物館提供）

〈参考〉

橿原考古学研究所附属博物館編『巨大埴輪とイワレの王墓—桜井茶臼山・メスリ山古墳の全容』（２００５年）、橿原考古学研究所友史会編「友史会遺跡地図シート23・磐余の遺跡」

磐余の古墳④

小立古墳

平成十一年（一九九九）、桜井市の池之内・山田地区における農業基盤整備事業（圃場整備）の事前調査で発見された。翌年、詳しい調査が実施され、谷間に築かれた全長三四・七㍍の帆立貝式前方後円墳と判明した。墳丘と周濠から多数の円筒埴輪（七七個分が残有）、木製埴輪（木のハニワ）のほか、雄鶏、雌鶏一対の鶏形埴輪、馬形、兜《かぶと》形、蓋《きぬがさ》形などの形象埴輪が出土、世間を驚かせた。

木製埴輪は墳丘と周濠から四種類、一八点

小立古墳全景（桜井市教育委員会提供）

が見つかった。最も多いのが石見《いわみ》型木製埴輪と呼ばれるコウヤマキ製の「木のハニワ」で、樹物《たてもの》として「土のハニワ」と同様に墳丘上に

石見型木製品出土状況
（桜井市教育委員会提供）

樹立されていたらしい。一三点が確認されている。昭和六十二年（一九八七）に発見され橿原市の四条1号墳でも大量に出土、特異な祭祀遺跡と考えられてきた三宅町の石見遺跡もやはり古墳であることが判明した。

ほかの木製埴輪は、靫《ゆき》形が二点、盾《たて》形が二点、太刀形が一点。

木製埴輪のうち、コヤマキで作られた石見型と太刀形には焼けた跡がなかったが、ヒノキ製の盾形と靫形は全体に火を受けていた。木製埴輪には墳丘上に長く樹立しておくもの、祭具として一時的に用いられ焼

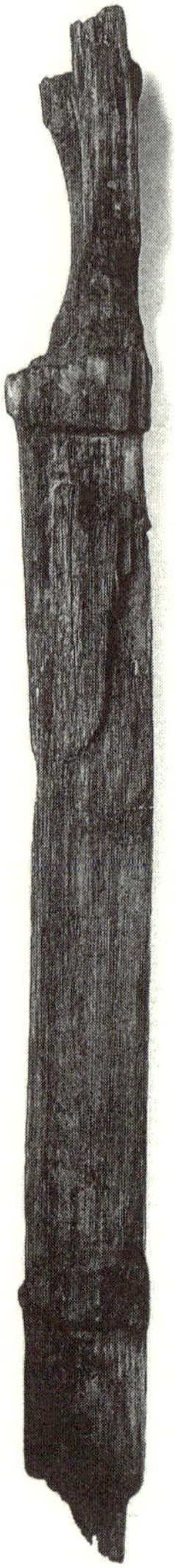

太刀形木製品（桜井市教育委員会提供）

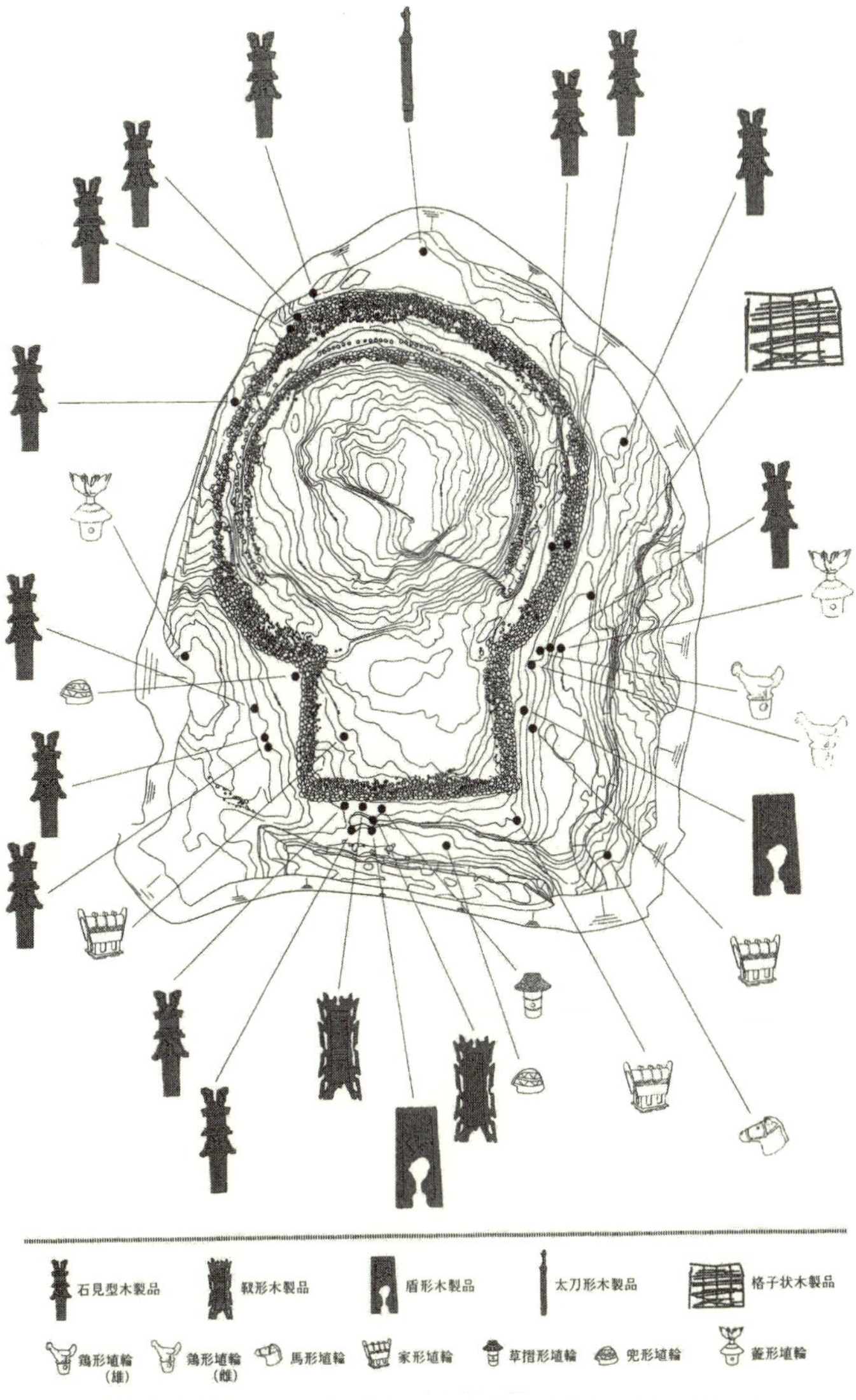

遺物出土地点＝（財）桜井市文化財協会発行『磐余遺跡発掘調査概報Ｉ』より

却されようとしたものなどさまざまな種類、用途があったものとみられている。

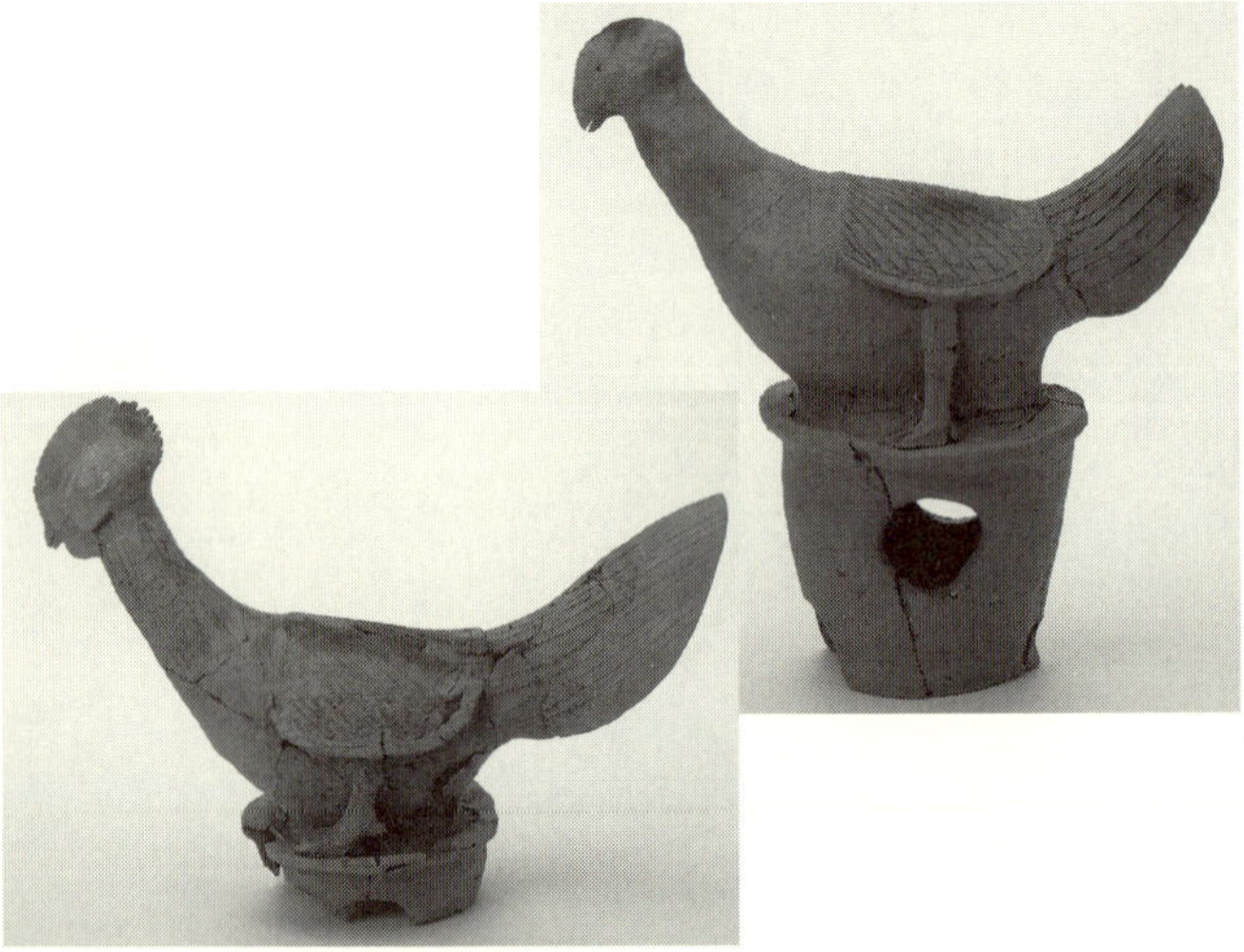

雄雌つがいの鶏形形象埴輪。㊨が雄鶏形㊧が雌鶏形
（桜井市教育委員会提供）

木製品はほかに、ヒノキの角材を格子状に組んだ建築部材とみられるものや桜の樹皮を巻きつけた弓なども出土した。

形象埴輪にも珍しいものがたくさんあった。中でも注目されるのは雌雄つがいの鶏形埴輪。雄鶏は体長五六・六センチ、立派な鶏冠をもつ。雌鶏は体長三九・七センチ、一回り小さい。ほかに馬形埴輪、兜《かぶと》形埴輪、蓋《きぬがさ》形埴輪などが良好な状態で見つかり、家型、短甲形、草《くさ》摺《ずり》形、盾形、靫《ゆき》形、水鳥形などがあった。

調査した桜井市教委は築造年代を五世紀後半と推定した。

なお、後世に何らかの理由で持ち込まれたとみられる木製車輪の一部が出土している。七世紀のものとみられている。飛鳥と磐余とを結んだ山田道（現在の県道桜井明日香吉野線）

が古墳のすぐそばを通り、その山田道は貴人を乗せた牛車や腰車もよく往来していたことを推測できる遺物だった。

木製車輪出土状況
（桜井市教育委員会提供）

磐余の阿倍氏

大伽藍を誇った安倍寺

桜井市阿部の安部木材団地南端部に古代寺院跡がある。昭和十二年（一九三七）に岸熊吉氏によって調査が開始された。以来、調査が積み重ねられ、塔、金堂、回廊などの遺構が見つかっている。阿部氏の氏寺だった安倍寺跡とされる。中心伽藍は国史跡、公園化されている。

中心部に、東西約二三メートル、南北約一八メートルの基壇が残り、金堂跡とされる。西に約三八メートル離れて一辺一二メートルの基壇があり、塔跡とされる。また、塔と金堂を取り巻く回廊の基壇

安倍寺跡（桜井市阿部）

（幅四―五㍍）も確認されている。講堂跡は岸熊吉氏の調査で確認されているが、金堂や塔との位置関係が不明確で、回廊に取り付くのか、回廊の外に造られていたのか、はっきりしない。

中心部の伽藍配置は、右（東）に金堂、左（西）に塔を置く法隆寺式（法隆寺は西に金堂、東に塔）とみられているが、西向きに一直線に並ぶ四天王寺式だったとの見方もある。

回廊の外側調査では、大垣の跡とみられる石積みが何カ所かで見つかっており、調査を継続する桜井市立埋蔵文化財センターでは、東西一八〇㍍、南北二二〇㍍以上の規模を持つ大寺院だったと推定している。

創建瓦とみられる軒丸瓦は五種類出土している。中には、山田寺（桜井市山田）と同苑の瓦や吉備池廃寺（桜井市吉備）とそっくりの瓦などもあった。創建瓦の年代は七世紀中ごろとみられ、大化改新（六四五年）で左大臣になり、大きな権勢をふるった阿部倉梯麻呂《あべのくらはしまろ》が創建にかかわった可能性を強く示唆する。ただ、創建瓦が五種類もあるということは、伽藍の完成までにはさまざまな紆余曲折があり、長い年月を要したということを示唆するとの見方もある。

なお現代に法灯を伝える文殊院は、鎌倉時代に、興福寺と多武峰（妙楽寺）の抗争に巻き込まれて安倍寺の中心伽藍が焼失した際、「安倍寺別所」に移転統合された安倍寺の後継寺院と解釈されている。本堂の文殊菩薩は「知恵の文殊さん」として有名で、日本の三大文殊の一つに数えられている。

左大臣・阿倍倉梯麻呂

阿部丘陵に拠った阿倍氏は、六世紀以降、数々の著名人を輩出した。

『日本書紀』によると、宣化天皇の即位にあたり、大伴金村《かなむら》と物部麁鹿火《あらかい》を従来通り大連に再任、蘇我稲目《そがのいなめ》を大臣とし、これに次ぐ大夫《まえつきみ》に阿倍大麻呂《おまろ》を任命したという記事がある。大麻呂は火麻呂《ほまろ》とも呼ばれていたが、阿部氏から天皇側近の高位者を輩出した最初の記事である。

欽明天皇十七年には、帰国を願い出た百済の王子恵を阿倍臣（名前は出ていない）が佐伯連、播磨連とともに百済まで送り届けてい

㊤安倍文殊院㊦西門

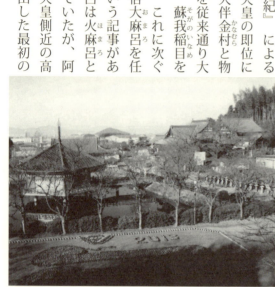

る。敏達天皇十二年には阿倍目臣《あへのめのおみ》が、百済から来日した日羅《にちら》が滞在する阿斗桑市《あとのくわいち》の館《むろつみ》に遣わされて行き、日羅に世界情勢や国政のことを尋ねている。

推古天皇十六年（六〇六）には、阿倍鳥臣が、遣唐使の小野妹子とともに来日した唐の使人裴世清《はいせいせい》一行の都（飛鳥）入りと、朝廷（推古天皇の小墾田《おはりだ》宮）への参内の案内役を務めている。阿倍鳥臣は、物部依網連抱《もののべのよさみのむらじいたき》と二人でこの任にあたり、裴世清から国書を受け取り大門の前の机の上に置いて推古天皇に奏上した、と伝える。阿倍鳥臣はまた、推古天皇十八年（六一〇）にも朝廷の庭で新羅《しらぎ》と任那《みまな》の使人からの奏上を聞く大夫役を果たし、蘇我馬子に伝奏している。外交での活躍が目立つ。

七世紀半ばになると阿倍氏の勢いはさらに伸張し、阿部倉梯麻呂（内麻呂、倉橋麻呂とも）が登場すると絶頂に達する。倉梯麻呂は、大化改新（六四五年）の後、改新政府の左大臣に就く。天皇は孝徳天皇、右大臣は蘇我倉山田石川麻呂。改新政府の実権は皇太子の中大《なかのおお》兄《え》皇子と中臣鎌子《なかとみのかまこ》（後の鎌足）が握っていたとはいえ、阿倍氏でかつてない高位への出世だった。この年、倉梯麻呂の女《むすめ》の小足媛《おたらし》は孝徳帝の妃となり、後に謀反の疑いで紀温湯《きのゆ》（白浜温泉?）へ護送される途中で刑死する有間《ありま》皇子を生んだ。

倉梯麻呂は、阿倍氏の氏寺、安倍寺（崇敬寺）の創建者とみられることは既に書いた。また、百済大寺だった可能性が高いとされる吉備池廃寺（桜井市吉備）の造営にも活躍したと伝えられる。全国で最も精緻とされる花崗岩の切石を用いた横穴室石室をもつ文殊院西古墳の被葬者の最有力候補でもある。

大化五年（六四九）三月一七日、倉梯麻呂が死去した。天皇（孝徳）は朱雀門に出て挙《こ》哀《あい》（死者に哭泣《こっきゅう》する儀式）をした。皇祖母尊《すのみおやのみこと》（皇極上皇）、皇太子（中大兄皇子）や公卿たちもみな、続いて挙哀した――と伝える。

多彩な人材

「古代氏族の研究」シリーズを執筆する宝賀寿男氏の『古代氏族の研究③　阿倍氏』によると、阿倍氏族の職掌には軍事力の提供とともに神事や天皇への供膳奉仕があった。一族の阿閉《あへ》氏も含めて、「アヘ」は饗の意に由来する、とみる。支族には膳臣《かしわでおみ》などがあり、

安倍晴明をまつる御門神社（桜井市阿部）

阿部の地には隣接して膳町《かしわて》（橿原市）がある。

倉梯麻呂亡き後も、斉明朝に蝦夷征討で活

羅、白村江の戦いにも参戦した阿倍比羅夫、『竹取物語』にかぐや姫の求婚者の一人として登場する布勢（阿倍）朝臣御主人《みうし》、『万葉集』や『懐風藻』に歌を残す文人の阿倍広庭（御主人の子）、奈良時代に遣唐留学生として唐に渡り帰国を果たせず「天の原ふりさけみれば春日なる　三笠の山に出でし月かも」の歌を残した阿倍仲麻呂、平安時代の天文道の達人とされる安倍晴明《せいめい》などがいる。阿部丘陵にも晴明を祀る御門神社がある。

磐余には一〇〇メートルの九重塔があった

吉備池廃寺の発見

平成九年（一九九七）、桜井市吉備の吉備池の堤から古代寺院跡が発見された。吉備池廃寺である。七世紀前半の巨大な金堂と塔の基壇遺構が発掘され、最古の法隆寺式伽藍配置の存在が確認された。

寺城は東西二三〇メートル、南北二八〇メートル以上に及ぶ広大なもので、金堂基壇は東西約三七メートル、南北約二八メートルを測り、山田寺跡（桜井市山田）の二・八倍、藤原宮や平城宮の大極殿にも匹

吉備池廃寺跡（桜井市吉備）

敵する巨大なものだった。塔基壇は一辺約三〇メートル、本薬師寺跡塔基壇の四倍の面積をもち、同規模のものは、史跡・大官大寺跡（明日香村小山）くらいにしか例がなかった。調査した奈良文化財研究所は、高さ一〇〇メートルに

吉備池廃寺跡出土（第15次調査出土）の素弁蓮華文軒丸瓦＝桜井市教育委員会提供

も達する九重塔がそびえていたと推定した。

出土瓦は大ぶり。舒明十三年（六四一）に造営が開始された山田寺よりやや古い特徴をもっていた。また、軒丸瓦、軒平瓦ともに二種類しかなく、量も少なかった。こうした事実も含めた総合的な検討の結果、調査した奈良文化財研究所は、「六三〇年から六四〇年代初頭に創建され、やがて別の場所へ移転した寺院と考えられる。発掘調査で明らかになった金堂・塔および伽藍の規模は、同時代の国内寺院をはるかにしのぎ、新羅の皇龍寺や文武朝大官大寺に近い。これらが国家の大寺として建立されたように、吉備池廃寺も天皇（大王）の発願によるものとみてよいだろう。すると、年代とあわせてそれに合致するのは百済大寺しかない」（『吉備池廃寺発掘

調査報告―百済大寺跡の調査』奈良文化財研究所、二〇〇三年）と断定した。

舒明《じょめい》天皇がその十一年（六三九）に「百済川の側《ほとり》」で百済宮とともに造営を開始したと『日本書紀』が伝える百済大寺と断定したのである。

同報告書では、吉備池廃寺の南方から西北方向へ流れる米川が「百済川」に該当すると解釈している。さらに「はじめて天皇家の寺として創立された百済大寺は、蘇我氏の氏寺である飛鳥寺に対する対抗意識の産物でもあった。飛鳥寺をはるかに凌駕する九重塔は、その象徴にほかならないであろう」と、高さ一〇〇メートルの塔の建立の意義を解説する。

舒明天皇の百済大寺

舒明天皇の百済宮と百済大寺の所在地については、古くから大論争が繰り広げられてきた。

通説では、鎌倉時代の三重塔が残る百済寺のある広陵町百済付近とされてきた。曽我川の西にあたり、百済川とは曽我川のことだったのだろう、と考えられてきた。

ところが、三重塔周辺で幾度か発掘調査が実施されたが、古代の宮跡や寺跡らしい遺構はまったく出なかった。古瓦三片が見つかっており、うち二片は確実に飛鳥時代に溯るというが、まとまった出土はみていない。

こうしたこともあって和田萃氏は、「百済」「百済」「西百済」の小字名がみえ、細流ながら「百済川」と呼ばれる川もある橿原市高殿町説を打ち出した。すぐ東南の香久山西麓には、百済大寺と時代的に矛盾しない大ぶりの瓦が出土する「木之本廃寺」があり、研究者の間でも多くの賛同者を得ていた。

『日本書紀』によると、百済宮は、舒明十一年（六三九）七月の詔に従って百済川の側を宮処とし、大寺とともに造営を進めたとする。「西の民は宮を造り、東の民は寺を造った。書直県《ふみのあたいあがた》（倭漢氏《やまとのあや》一族）を大匠《おおたくみ》にした」と伝える。舒明天皇は十三年十月にその百済宮で亡くなっている。一年三カ月間の宮居だったが、もし桜井市の吉備の地に百済宮が営まれていたなら、舒明天皇も磐余に宮居を営んだ天皇ということになる。

百済大寺は、天武朝に高市の地に移されて高市大寺とされた。やがて大官大寺と改められ、飛鳥・藤原京の国家筆頭官寺となった。香久山の南、橿原市南浦町から明日香村小山

史跡・大官大寺跡（明日香村）。百済大寺は、高市大寺—大官大寺—大安寺へと名称と場所を変えながら続いた筆頭官寺

にかけて広大な伽藍《がらん》跡を残す史跡・大官大寺跡は文武《もんむ》天皇の時代に造営された大官大寺の遺構とされる。平城京遷都（七一〇年）とともに左京六条四坊に移建されて大安寺となり、その法灯をいまに伝える。

『大安寺伽藍縁起并流記資財帳《がらんえんぎならびにるきしざいちょう》』（以下『大安寺縁起』）に、百済大寺創建のことが書かれている。それによると、飽浪《あくなみ》宮に病気の聖徳太子を見舞った田村皇子に授けられた羆凝《くまごり》道場が前身とされる。舒明天皇十一年二月に、百済川の側の子部社《こべのやしろ》（杜《もり》）を切り開いて九重塔を建立、百済大寺と号したとする。「子部社の神が怨《うら》んで、九重塔と金堂の石鴟尾《しび》を焼いた」とも書く。

平安時代の『三代実録』にも「子部大神、寺の近則に在り。怨みを含みてしばしば堂塔を焼く」と書いている。

橿原市飯高町には子部神社がある。小子部《ちいさこべの》命《みこと》などを祭神とする旧村社で、瑞花院《ずいげいん》（吉楽《きちらく》寺）の本堂（重要文化財）と隣り合わせて社が建つ。西南約五〇メートルの集落西はずれにも、もう一つの子部神社（螺贏《すかる》神社）の小さな祠《ほこら》がある。二つの神社は、『延喜式』神名帳の十市郡のところにみえる「子部神社二座　並大月次新嘗」に当たるとみられる。

『大安寺縁起』や『三代実録』の記事が信用できるとすれば、「百済川の側の宮処」及び百済大寺の所在地は、子部神社がある橿原市飯高町あたりと考えざるを得ないのである。（靍井忠義著『斉明女帝と狂心渠』〈青垣出版〉をご覧ください）

吉備池廃寺は百済大寺なのか

吉備池廃寺の発見により百済大寺所在地をめぐる論争は決着をみたのだろうか。百済大寺は吉備池廃寺で固まったとみていいのだろうか。必ずしもそうではないのである。

平林章仁氏は、その著書『七世紀の古代史―王宮・クラ・寺院』（白水社）などで、百済大寺＝吉備池廃寺とすることにいくつかの疑問を投げかけ、通説の広陵町説を強く支持する。

『七世紀の古代史』によると、①舒明天皇が十市郡吉備にどのようなゆかりがあったのか、どうしてここに百済大寺を創建したのか分明でない②吉備池廃寺の近辺には百済川や百済の地名は分布しない。南方の埋没河川もしくは西方の米川を百済川とみなすことにも疑問がある③百済大寺の近側には子部社があったと伝えられるが、吉備池廃寺付近の小字カウベ、コヲベ、高部などが子部の転訛であるとの確証はない④子部社との関係を認めるかぎり、舒明朝創建の百済大寺跡には火災の痕跡があってしかるべきだが、吉備池廃寺にはそれが認められない⑤吉備国は天武朝に備前、備中、備後に分割される。大和に吉備の国号地名が成立するのはそれ以前。十市郡の吉備は七世紀末以前に成立した地名とみられ、舒明朝頃にここが百済と呼ばれていた可能性は非常に少ないと考えられる⑥伽藍配置に不均衡がみられ、百済大寺の後身の大官大寺の伽藍配置と大きく異なる理由も明らかでない――などを吉備池廃寺を百済大寺とすることへの疑問点としている。

平林氏はかねがね、百済大寺の所在地を「広瀬の地」にあたると考えられる広陵町百済付近と推察してきた。その大きな根拠として、敏達《びだつ》天皇系王族と旧広瀬郡との強いつながりを指摘、敏達天皇から押坂彦人大兄《おしさかのひこひとおおえ》皇子―舒明天皇―天武天皇―高市皇子―長屋王へと伝わる反蘇我系の王家に伝領されたのが、王家の権力や生活を支える基盤としての広瀬の地の百済の王宮だった、と説いてきた。

塚口義信氏は、敏達天皇系王族のことを息《おき》長《なが》系の王統として「忍坂《おしさか》王家」と呼ぶが、平林氏の説にほぼ全面的に賛同し、同王家と広瀬との強いつながりに注目する。「忍坂王家」は、舒明天皇の陵がある桜井市忍阪《おっさか》の地を本拠としたが、広瀬は第二の拠点だったとみる。その上で、曽我川をはさんで東側の橿原市飯高町に百済大寺、西側の広陵町百済に百済宮が造営されたと推定する。寺は東国の民ではなく曽我川の東の民を、宮は西国の民ではなく曽我川の西の民を差発して造営したと考える。(『ヤマト王権の謎をとく』学生社)

皇極(斉明)女帝の百済大寺

私は、吉備池廃寺は確かに百済大寺だと思う。しかしそれは、舒明天皇がその十一年(六三九)に発願、「百済川の側」に宮とともに造営した百済大寺ではないと考える。皇極女帝が、夫・舒明の遺志を承けて造営した百済大寺と考える。皇極は舒明の遺志を実現した。しかし、それは舒明の百済大寺とは別の場所でだった。以下、そのように考える理由のいくつかを述べてみたい。

『日本書紀』によると、皇極天皇は即位した年（六四二）の九月に、大寺の造営を発願し、近江（滋賀県）と越（北陸地方）の人夫の徴発を命じた。同じ月に、宮殿の造営のために東は遠江（静岡県）から西は安芸（広島県）までの国から人夫の徴発を命じている。

「宮殿」は、焼けた岡本宮の後に造営した飛鳥板蓋宮のことだったのだろう。「大寺」は「百済大寺のこと」と注釈しているので、百済大寺造営のための徴発だったことは間違いない。工事現場までは書いていないが、舒明天皇発願の百済大寺の工事を引き継いだものかどうかは分からないのである。新宮殿造営とセットの記事であることからみれば、むしろ、新しい「大寺」の造営とみる方が自然ではなかろうか。

『日本書紀』には大化元年（六四五）に恵妙《えみょう》が百済寺主に任命された記事があり、白雉二年（六五一）に皇極上皇の命で制作された三十六体の繡仏が完成したことが『日本書紀』と『大安寺縁起』に記されている。百済大寺の造営工事は、皇極朝から孝徳《こうとく》朝にかけて急ピッチで進められたことをうかがわせる。天智七年（六六八）に本尊の丈六釈迦仏を百済大寺に安置した記事が『扶桑略記《ふそうりゃっき》』にあるので、この頃には金堂が完成したのだろう。皇極元年から数えて二十六年後のことだった。

阿倍倉梯麻呂が造寺司

『大安寺縁起』には、皇極天皇は阿倍倉梯《あべのくらはし》麻呂《まろ》と穂積百足《ほずみのももたり》の二人を「造此寺司」に任じたと書いている。阿倍倉梯麻呂は、孝徳《こうとく》天皇の改新政府の左大臣にもなった朝廷の重臣で、現在、安倍文殊院にその法灯を伝える古代寺院の安倍寺（国史跡）の発願者とも伝承する。吉備池廃寺出土の瓦の詳細な調査によると、安倍寺の創建瓦の一部が吉備池廃寺へ供給されていたことが推測できるという。（報告書『吉備池廃寺―百済大寺』所収「出土瓦をめぐる諸問題」）

阿倍氏は、伝説上の人物ながら崇神朝の四道将軍の一人で北陸へ派遣された大彦命の流れをくむものとされ、伝統的に北陸地方との関係が深い。斉明朝に奥羽地方の蝦夷征討に大活躍したのも越《こし》の国の国守を務める安倍比羅夫《あべのひらふ》ら阿倍氏の一族だった。

吉備池廃寺（皇極朝の百済大寺）は、その阿倍氏の本拠地に隣り合わせた場所で造営された。近江と越の人夫を徴発して進めたとする皇極紀の大寺造営の記事も阿倍氏が吉備池廃寺（百済大寺）の造営に深く関わっていたことと符合する。

なお、皇極女帝の母は吉備姫だった。吉備姫は欽明天皇の子、桜井皇子の娘とされる。皇極女帝は、特に意味を考える方がおかしいのかもしれないが、「桜井」や「吉備」と縁深いのである。

子部大神の怨み

『大安寺縁起』によると、百済大寺は子部社の怨《うら》みによって失火、九重塔と金堂の石鴟《し》尾《び》が焼けた。このため、舒明天皇は崩御にあたり、太后尊（皇極）に再建を遺勅した、とされる。

百済大寺の所在地問題とは別に、この記事をそのまま信じる研究者は少ない。吉備池廃

子部神社（橿原市飯高町）

寺の調査報告書でも、「火災を含む伝説的な記事が『日本書紀』にまったく認められないこととあわせて、これを史実と考えるのは無理」として、「舒明朝には百済大寺の堂塔は一つとして完成にいたっていなかった」とみる。

舒明天皇が百済川の側に宮居と大寺の造営を進めるように詔を下したのは舒明十一年七月、舒明が死去したのは十三年十月。この間わずか二年三カ月なので、完成していたのは一年余り過ごした百済宮だけで、百済大寺の方は完成していなかった―との見方が圧倒的に多いわけだ。

従って、『日本書紀』の舒明天皇十一年十二月条に見える「於百済川側、建九重塔」の記事も虚構とみなす説が多い。吉備池廃寺

の金堂跡と塔跡の発掘調査で焼土など火災にあった痕跡が全く見つからなかったことも、その見方を後押ししている。

しかし、果たしてそうだろうか。発願から死去までわずかだったとはいえ、二年三カ月あった。その間に宮居だけ造営して、寺の造営に着手しなかったということがあるだろうか。九重塔をはじめ伽藍の設計図が作成され、敷地造成や建物建設工事にも取りかかっていた可能性は十分考えられる。

建設途中で火災などにあい頓挫したのではなかろうか。原因が落雷なら、「子部大神の怨み」と考えても無理はない。洪水などの自然災害、政治がからむ人的な妨害によるものだったかもしれない。

『大安寺縁起』が「金堂が焼けた」とは書かずに「金堂の石鴟尾が焼けた」と書くのも、示唆的である。何となく造営途上の突発的な事件を想起させる。

書紀によると、舒明朝の百済大寺の大匠《おおたくみ》、つまり技術的な責任者に任命されたのは書直県《ふみのあたいあがた》だった。半島から数々の技術を伝えた渡来系氏族の倭漢《やまとのあや》氏の一族だ。孝徳天皇の難波長柄豊碕《なにわのながらとよさき》宮の造営にあたっても一族の荒田井比羅夫が大匠に任じられている。長柄豊碕宮は、壮大・整美な宮殿遺構が見つかっている前期難波宮跡とされる。こんなところからも、舒明期の百済宮と百済大寺の造営は、「本気」で、「確かな技術」によって臨もうとしたことをうかがわせる。

皇極女帝は、夫・舒明天皇の遺志を受け、〝未完の大寺〟の再建に執念を燃やしたのではなかろうか。ただ、百済川の側から吉備に場所を替えて――。吉備池廃寺で出土している創建瓦の中には、舒明天皇が別の場所（百済川の側）で造営を始めた百済大寺から運んだものもあるのではなかろうか。

東アジア世界の九重塔

大脇潔氏は、蘇我氏の権力の象徴である飛鳥寺を圧倒する寺の建立が重大だったこと、高い九重塔の建設が、当時の東アジア社会の中で国力を示威するシンボル的存在だったことを指摘する。（『飛鳥から藤原京へ』吉川弘文館所収「飛鳥・藤原京の寺院」）

同書などによると、北魏の都・洛陽《らくよう》では五一六年に永寧寺の九重塔が建立され、百済の弥勒《みろく》寺でも六三九年に、新羅の皇龍《こうりゅう》寺でも六四五年に九重塔が建立された。東アジア諸国は、国の威信をかけて高さを競う一種の九重塔ブームにわいていたらしい。

隋・唐に二十四年間滞在した僧旻《みん》らの留学僧が帰国したのは舒明四年（六三二）のことだった。この頃、舒明朝から皇極朝にかけては、国際的な情報が多くもたらされていたものとみられる。朝鮮半島情勢が一層緊張の度を深めるなど東アジア情勢が厳しさを増す中で、国の威信にかかわる九重塔の建立は、わが国の王権にとっても最重要課題だったのではなかろうか。

大王権を育んできた磐余の地には、国の威信を示すシンボル的存在の九重塔が建立された。吉備池廃寺が舒明朝の百済大寺ではなくて皇極朝以降の百済大寺＝国家寺院であったとしてもそのことはいえる。磐余の地だったからこそ造られたシンボルとしての九重塔だったのかもしれない。

　海石榴市《つばきいち》のために付け替えられ、また、狂心渠《たぶれごころのみぞ》とそしられながらも掘削した寺川―下ツ道運河は、吉備池廃寺跡と最も接近するところでその距離約一・五キロ。運河を行く船上からは、海石榴市の船着場に到着する直前に、竜門山塊の山並みをバックにそびえる九重塔が見えたのではないか――という斉明朝ごろから飛鳥・藤原京時代にかけての磐余の風景を想像して楽しんでいる。

【著者】

靍井　忠義（つるい・ただよし）

1949年生まれ。奈良新聞文化記者、取締役編集局長などを経て、青垣出版代表取締役、倭の国書房代表。奈良の古代文化研究会主宰。日本ペンクラブ会員。
著書に『探訪 日本書紀の大和』（雄山閣出版）、『奈良を知る　日本書紀の山辺道《やまのへのみち》』（青垣出版）、『奈良を知る　日本書紀の飛鳥』（青垣出版）、『奈良の古代文化②　斉明女帝と狂心渠《たぶれごころのみぞ》』（青垣出版）、『日本書紀を歩く①　悲劇の皇子たち』（青垣出版）、『日本書紀を歩く②　葛城の神話と考古学』（青垣出版）など。

日本書紀を歩く③　大王権の磐余《いわれ》

2019年　2月15日　初版印刷
2019年　2月28日　初版発行

著者　靍　井　忠　義

発行所　有限会社　青　垣　出　版
〒636-0246 奈良県磯城郡田原本町千代３８７の6
電話 0744-34-3838 Fax 0744-47-4625
e-mail　wanokuni@nifty.com

発売元　株式会社　星　雲　社
〒112-0005 東京都文京区水道１－３－３０
電話 03-3868-3270 Fax 03-3868-6588

印刷所　モリモト印刷株式会社

printed in Japan　　ISBN978-4-434-25725-4

青垣出版の本

宝賀 寿男著　　**古代氏族の研究シリーズ**

①和珥氏―中国江南から来た海神族の流れ　ISBN978-4-434-16411-8
Ａ５判１４６ページ　本体１,２００円

②葛城氏―武内宿祢後裔の宗族　ISBN978-4-434-17093-5
Ａ５判１３８ページ　本体１,２００円

③阿倍氏―四道将軍の後裔たち　ISBN978-4-434-17675-3
Ａ５判１４６ページ　本体１,２００円

④大伴氏―列島原住民の流れを汲む名流武門　ISBN978-4-434-18341-6
Ａ５判１６８ページ　本体１,２００円

⑤中臣氏―卜占を担った古代占部の後裔　ISBN978-4-434-19116-9
Ａ５判１７８ページ　本体１,２００円

⑥息長氏―大王を輩出した鍛冶氏族　ISBN978-4-434-19823-6
Ａ５判２１２ページ　本体１,４００円

⑦三輪氏―大物主神の祭祀者　ISBN978-4-434-20825-6
Ａ５判２０６ページ　本体１,３００円

⑧物部氏―剣神奉斎の軍事大族　ISBN978-4-434-21768-5
Ａ５判２６４ページ　本体１,６００円

⑨吉備氏―桃太郎伝承をもつ地方大族　ISBN978-4-434-22657-1
Ａ５判２３６ページ　本体１,４００円

⑩紀氏・平群氏―韓地・征夷で活躍の大族　ISBN978-4-434-23368-5
Ａ５判２２６ページ　本体１,４００円

⑪秦氏・漢氏―渡来系の二大雄族　ISBN978-4-434-24020-1
Ａ５判２５８ページ　本体１,６００円

⑫尾張氏―后妃輩出の伝承をもつ東海の雄族　ISBN978-4-434-24663-0
Ａ５判２５０ページ　本体１,６００円

⑬天皇氏族―天孫族の来た道　ISBN978-4-434-25459-8
Ａ５判２９５ページ　本体２,０００円